남녀노소 자기계발 시리즈

손자병법 이해와 인생고수로 살기

남녀노소 자기계발 시리즈
손자병법 이해와 인생고수로 살기

초판 1쇄 인쇄   2024년 01월 01일
초판 1쇄 발행   2024년 01월 12일

신고번호   제313-2010-376호
등록번호   105-91-58839

지은이   염규중

발행처   보민출판사
발행인   김국환
기획   김선희
편집   조예슬
디자인   김민정

ISBN   979-11-6957-107-4   03190

주소   경기도 파주시 해올로 11, 우미린더퍼스트@ 상가 2동 109호
전화   070-8615-7449
사이트   www.bominbook.com

- 가격은 뒤표지에 있으며, 파본은 구입하신 서점에서 교환해드립니다.
- 이 책은 저작권법에 의하여 보호를 받는 저작물이므로 무단 전재와 복사를 금합니다.

남녀노소 자기계발 시리즈

손자병법 이해와 인생고수로 살기

염규중 지음

숨가쁘게 살고 있는 우리들에게
자신이 바라는 인생의 방향을 제시하여 줄 것이다.

이 책을 가까이하면
얻어지는 것들……

　손자병법은 중국 춘추시대에 손무가 쓴 책으로 총 13편 6,109자의 한자로 구성되어 있다. 역사의 중심에 있었던 수많은 인물들, 조조, 나폴레옹, 이순신 장군, 리델하트(영국 전략가), 모택동, 빌게이츠, 손정의 등이 즐겨 읽었으며, 미국 하버드대와 사관학교 등 세계의 유수한 대학교 및 군사학교에서 심도 있게 다루고 있다. 6천여 한자로 된 손자병법을 왜 정복해야만 하는지를 잘 대변해주고 있다.

　이 책은 누구나 손자병법을 손쉽게 접근하여 이해할 수 있도록 주요 한자풀이, 손자병법과 연계된 전쟁과 역사 사례, 질의 등으로 구성하였다. 또한 스스로에게 질문을 던지며 여러 상황을 고려해봄으로써 당시의 상황에서 현명한 지혜를 찾아보는 기회를 부여하였다.

　이 책을 반드시 읽어야 하는 사람들은 나의 인생을 주도적으로 만끽하고 싶은 사람, 인생에서 성공을 갈망하는 사람, 꿈이 없이 방황하는 사람, 현재의 능력을 단번에 향상시키고 싶은 사람, 조직에서 중심이 되고 싶은 사람, 무기력 상태를 탈피하려는 사람 등으로 이들에게 해답을 안겨줄 것이다. 또한 정보의 홍수와 변화가 일상화된 시대에서 숨가쁘게 살고 있는 우리들에게 자신이 바라는 인생의 방향을 제시하여 줄 것이다.

 이 책을 읽음으로써 첫째, 개인들은 창의적인 사고와 도전적인 행동을 통해 인생의 목표를 얻게 될 것이다. 둘째, 가정이나 사회활동에서 적절한 역할을 수행하여 생활에 활력을 줄 것이다. 셋째, 단체나 기업 등에 다양한 비젼과 해법을 제시하여 조직을 성장시킬 것이다. 넷째, 사회나 국가적으로 경쟁력을 향상시켜 줄 것이다.

 끝으로 책에 소개된 내용들은 자료의 한계, 개인적인 경험 등으로 독자들의 생각과는 상이할 수 있다. 다양한 사고는 이 책의 목적이기도 하다. 분명한 것은 여러분에게 몇 배의 성장을 안겨줄 것이다.

- 세상에서 제일 기분 좋은 사나이 **염규중**

추천사

　기원전 5세기에 쓰인 것으로 추정되는 고대 중국의 병법서인 손자병법은 단순한 전쟁 기술뿐만이 아니라 외교(外交), 국방(國防), 내치(內治)를 포함한 국가 경영과 인재등용의 비법을 다루고 있기 때문에 지난날 군사 전문가뿐만 아니라 국가 지도자, 정치가들에게도 주로 읽혀왔다. 하지만 현대에 이르러서는 글로벌 기업이나 국가를 이끄는 리더들이 필독서로 꼽으며 많이 애독하고 있다. 왜 손자병법은 이처럼 전 세계 리더들의 사랑을 받는 책이 되었을까? 책에서 다루고 있는 전략전술은 치열한 경쟁사회에서 성공적인 인생을 위한 지혜로 유용하게 활용할 수 있기 때문이다. 또한 전쟁서, 병법서만으로 보기엔 그 안에 펼쳐놓은 인간에 대한 통찰력과 삶의 자세가 매우 심도 깊어 다양한 관점으로 읽으면서 자기계발, 인간관계, 처세, 리더십 등 전략적인 삶을 위한 지혜를 채울 수도 있다. 여러분은 이 책 「손자병법 이해와 인생고수로 살기」가 담고 있는 이러한 손자병법 중요 해설과 그와 관련된 사례들을 하나씩 읽어봄으로써 싸우지 않고 승리하는 법, 이미 승리한 싸움을 하는 법 등 치열한 오늘을 살아내고 있는 우리에게 반드시 필요한 삶의 기술을 얻고 심지 곧은 마음, 인생사를 살아갈 용기와 기백을 다질 수 있을 것이다. 지금까지의 인생에 후회가 가득한 사람이라면 혹은 앞으로 남은 인생을 좀 더 소중하고 행복하게 만들어 나가고 싶은 사람이라면 이 책을 통해 손자병법에 한 발짝 다가가 보기를 바란다.

- 편집장 김선희

목차

第一篇. 始計(시계) • 009

第二篇. 作戰(작전) • 023

第三篇. 謀攻(모공) • 037

第四篇. 軍形(군형) • 051

第五篇. 兵勢(병세) • 065

第六篇. 虛實(허실) • 079

第七篇. 軍爭(군쟁) • 097

第八篇. 九變(구변) • 115

第九篇. 行軍(행군) • 125

第十篇. 地形(지형) • 147

第十一篇. 九地(구지) • 165

第十二篇. 火攻(화공) • 199

第十三篇. 用間(용간) • 209

【저자가 마음에 품고 있는 글】

❶ 나의 경쟁 상대는 바로 내 자신이다.

* 내 자신만 이겨낸다면 세상의 모든 것을 얻을 수 있다.

❷ 인생은 전투의 현장이다.

* 이 전투의 현장에서 가장 강력하고 최고의 무기는
나의 간절함과 열정이다.
그러면 시간이 지날수록 더 막강해진다.

【저자가 수시로 하는 마인드 컨트롤 방법】

(하루에 수십 번 외칠 때도 있다.)

"세상에서 제일 기분 좋은 사나이 염규중!
기분 좋~다. 기분 조~~타. 기분 조~~오~~타!"

第一

始計篇
(시계편)

孫子曰(손자왈) 兵者國之大事(병자국지대사) 死生之地(사생지지) 存亡之道(존망지도) 不可不察也(불가불찰야). 故(고) 經之以五事(경지이오사) 校之以七計(교지이칠계) 而索其情(이색기정).

一曰道(일왈도) 二曰天(이왈천) 三曰地(삼왈지) 四曰將(사왈장) 五曰法(오왈법). 道者(도자) 令民與上同意(영민여상동의) 可與之死(가여지사) 可與之生(가여지생) 而民不畏危也(이민불외위야). 天者(천자) 陰陽寒暑時制也(음양한서시제야). 地者(지자) 遠近險易廣狹死生也(원근험이광협사생야). 將者(장자) 智信仁勇嚴也(지신인용엄야). 法者(법자) 曲制官道主用也(곡제관도주용야). 凡此五者(범차오자) 將莫不聞(장막불문) 知之者勝(지지자승) 不知者不勝(부지자불승).

손자가 말하기를, 전쟁(兵)은 나라의 중대한 일이요, 국민의 생사와 존망이 걸린 것이니, 깊이 살피지 않을 수 없다. 그러므로 이를 헤아림에는 다섯 가지 요건(五事)으로써 하고, 이를 비교함에는 일곱 가지 계(七計)로써 하여, 그 정세를 살핀다.

첫째는 도요, 둘째는 하늘이요, 셋째는 땅이요, 넷째는 장수요, 다섯째는 법이다. 도(道)란 백성으로 하여금 임금과 뜻을 같이 하여, 가히 함께 죽기도 하고 살기도 하여, 백성이 위험을 두려워하지 않게 하는 것이다. 하늘(天)이란 음양, 한서, 시제(계절)이다. 땅(地)이란 원근(멀고 가까움), 험이(험난하고 평탄), 광협(넓고 좁음), 사생(사지와 생지)이다. 장수(將)란 지신(지혜, 믿음), 인용(어질고 용기), 엄(위엄)을 갖춰야 한다. 법(法)이란 곡제(군의 편성), 관도(군대의 직제와 규정), 주용(물자와 병기)이다. 무릇 이 다섯 가지는 장수로서 들어 알지 못하는 자가 없을 것이다. 이를 아는 자는 승리하고, 모르는 자는 승리하지 못한다. [1]

始 처음, 시작하다	計 계산, 계략, 계획하다
孫 손무	子 성 뒤에 붙인 존칭
之 ~의, 이(대명사), 가다	不 아니다, 말라
兵 전쟁, 용병, 군대, 병사	者 ~라는 것은, ~한 사람
不可不 ~하지 않을 수 없다	察 살피다, 알다
也 문장 마치는 조사, 또한	故 그러므로, 옛날의
經 헤아리다, 도모하다	校 비교하다, 학교
索 살피다, 찾다, 수색하다	情 뜻, 정황
令 ~하여금 ~하게 하다	與 ~와, 함께, 베풀다
畏 두려워하다	危 위험, 위태하다
陰陽 어두움과 밝음	寒暑 추위와 더위
時制 계절의 변화	險易 험함과 평탄함
廣狹 넓음과 좁음	嚴 엄하다
曲 행정단위, 굽히다	制 만들다, 제도
官 행정조직(군사조직), 벼슬	凡 무릇, 모름지기
此 이, 이것	莫 없다, 아니다
而 ~하고, 말이음(접속사)	

---

[1] 사례 : 히틀러, 전쟁 참상의 주범이지만 뒷수습도 없이 자살로 생을 마감하다

사례

히틀러, 전쟁 참상의 주범이지만
뒷수습도 없이 자살로 생을 마감하다

히틀러(1889~1945, 향년 56세)는 제2차 세계대전 당시 독일의 총통이자 전쟁의 핵심 책임자이다. 그는 환경에 잘 적응하는 생물만이 살아남는다는 적자생존, 인간 사회에서의 약육강식, 진화론 등 사회적 인종 우월주의 사상에 영향을 받았다. 그의 사상은 순수 아리아인만의 자부심, 유대인 대학살을 통한 인종 대청소 등에서 엿볼 수 있다. 제2차 세계대전(1939년 9월~1945년 8월, 6년)은 독일의 무너진 경제를 살리고 게르만 민족의 강인함을 보여주기 위해 일으켰지만 명확한 목적의식을 갖었다고 볼 수 없다. 무엇을 얻고 실현하고자 했는지 전쟁과정에서 나타나지 않았다. 전쟁은 너무나 참혹했고, 동·서독으로 분단(1945~1990)되는 비극까지 겪어야 했다. 사상자는 민간인을 포함 최대 7,000만 명이나 된다. 독일 800만여 명, 소련 2,300만여 명, 미국 41만여 명, 영국 45만여 명, 유대인 600만여 명 등이다.

독일 패망이 확실시될 즈음인 1945년 4월에 히틀러는 '나와 내 아내는 항복의 수치에서 벗어나기 위해 죽음을 택한다.'라는 유언을 남기고 자살하였다. 그의 주변인에게 자신의 유해가 적에게 넘어가지 않도록 부탁은 물론, 독약으로 확실하게 죽지 못할까 두려워 자신의 사냥개에게 시험까지 했다. 히틀러는 전쟁 막판에 자살로 생을 마감하는데 이 얼마나 무책임한가. 최고 책임자로써 국가의 역량을 효율적으로 집결시키고 국민들과 일치단결하여 한 방향으로 국가운영을 해도 혼란스러운 시기에 그는 민족의 안위는 아랑곳없이 세상을 떴다.

히틀러를 통해 어떠한 사상이나 철학에 과도한 쏠림은 국가적 비극을 초래함을 상기해야 한다. 그리고 국민들 수준이 전반적으로 높다면 이러한 리더는 태동조차 없었을 것이다.

따라서, 병법에서 제시된 요건들을 통해 리더(장수)로써의 자질이 충족되는지 각자 되새겨볼 필요가 있겠다.

손자를 넘어 상위 1% 사상으로 올라서기

1. 내가 히틀러였다면 전쟁의 목표를 어떻게 설정했을까?
2. 히틀러의 자살에 대해 어떻게 생각하는가?
3. (스스로에게) 관련 내용에 대해 다른 질문을 하고 대답해보세요.

故(고) 交之以計(교지이계) 而索其情(이색기정). 曰主孰有道(왈주숙유도) 將孰有能(장숙유능) 天地孰得(천지숙득) 法令孰行(법령숙행) 兵衆孰强(병중숙강) 士卒孰練(사졸숙련) 賞罰孰明(상벌숙명). 吾以此知勝負矣(오이차지승부의). 將聽吾計(장청오계) 用之必勝(용지필승) 留之(유지). 將不聽吾計(장불청오계) 用之必敗(용지필패) 去之(거지). 計利以聽(계리이청) 乃爲之勢(내위지세) 以佐其外(이좌기외) 勢者(세자) 因利而制權也(인리이제권야).

兵者(병자) 詭道也(궤도야). 故能而示之不能(고능이시지불능) 用而示之不用(용이시지불용) 近而示遠(근이시원) 遠而示之近(원이시지근) 利而誘之(리이유지) 亂而取之(난이취지) 實而備之(실이비지) 强而避之(강이피지) 怒而撓之(노이요지) 卑而驕之(비이교지) 佚而勞之(일이노지) 親而離之(친이리지) 攻其無備(공기무비) 出其不意(출기불의). 此兵家之勝(차병가지승) 不可先傳也(불가선전야).

그러므로 계(計)로써 비교하여, 그 정세를 살핀다. 말하자면 군주는 어느 쪽이 더 도덕적인가. 장수는 누가 더 능력이 있는가. 천지는 누가 더 얻고 있는가. 법령은 누가 더 잘 운용되고 있는가. 군대는 누가 더 강한가. 장병은 누가 더 훈련되어 있는가. 상벌은 누가 더 공평한가. 나는 이 일곱 가지로써 승부를 안다. 장수가 나의 계(計)를 듣고, 이를 쓰면 반드시 승리할 것이다. 그러면 나는 머물 것이다. 장수가 나의 계

(計)를 듣지 않고, 이를 쓰면 반드시 패할 것이다. 그러면 나는 떠날 것이다. 이익을 헤아려 듣는다면, 세(勢)가 이루어져, 그 외의 것을 보조하게 되니, 세(勢)라는 것은 이익으로써 임기응변이 되게 하는 것이다.

용병(兵)이란 적을 속이는 것(詭道)이다. 그러므로 능하면서 능하지 못한 척 보이고, 쓰면서도 쓰지 않는 것처럼 보인다.[2] 가까우면서도 먼 것처럼 보이고, 멀면서도 가까운 것처럼 보이며, 이롭게 해서 적을 유인하고, 혼란하게 하여 이를 취한다. 적이 충실하면 대비하고, 적이 강하면 피하며, 분노케 하여 동요하게 하고, 나를 낮추어 적을 교만하게 만든다. 적이 편안하면 수고롭게 하고, 적이 서로 친하면 이간시키며, 대비하지 않는 곳을 공격하고, 뜻하지 않는 곳으로 나아간다. 이것은 싸움에서 이길 수 있는 방법이지만 먼저 적에게 알려서는 안 된다.

曰 말하다	孰 어느 것이 더, 누구
將 장수, 장차	能 능하다, 잘하다
得 얻다, 이익	令 법령·명령 접미사
衆 많은 사람, 무리	士 선비
以 ~로써, 하여	留 머무르다
聽 듣다, 받아들이다	爲 하다, 이루다
勢 기세, 세력	佐 돕다
其 그것, 그	權 권세, 저울질하다
詭 속이다	誘 유인하다, 꾀다
備 갖추다, 대비하다	避 피하다
撓 어지럽히다, 흔들다	卑 낮다
乃 이에, 이것으로	吾 나, 나의

---

[2] 사례 : 이순신 장군, 한산도 대첩에서 승리하는 방법을 보여주다

사례

이순신 장군,
한산도 대첩에서 승리하는 방법을 보여주다

　한산도 대첩(1592년 8월 14일, 선조 25년)은 임진왜란 3대 대첩 중 하나이며, 한산도 앞바다에서 조선군이 왜군을 크게 무찌른 해전이다.

　조선은 함선 114척(거북선 2척, 판옥선 56척, 전라좌수영 24척, 전라우수영 25척, 경상우수영 7척)과 무기(수포, 지자총통 · 현자총통 · 승자총통 · 천자총통 등)를 사용하였고, 왜군은 함선 73척(대선 36척, 중선 24척, 소선 13척)과 조총 등을 사용했다.

　왜군의 작전은 조총을 쏘면서 접근하여 상대의 배에 올라 백병전을 치러 이기는 것이었다. 이순신 장군은 자신이 보유하고 있는 함선과 무기들을 지형에 맞추어 최대의 효과를 내려고 하였다. 그래서 견내량 지역은 좁고 암초가 많아 한산도 앞바다 쪽으로 적을 유인하여 집중 포사격으로 섬멸할 계획이었다. 그래서 한반도 뒷쪽에 위치한 통영에는 이억기 함대(판옥선 25척)를 매복, 화도에는 원균 함대(판옥선 7척)를 매복시켰다. 왜군(와키자카 야스하루)이 한산도 앞바다에 당도하자 이순신은 학익진 형태로 진영을 펼쳐 포를 집중시켰다. 왜군은 학익진 중앙을 돌파하기 위해 돌진하였으나 집중 포사격을 받아 좌절되었고, 이때 왜군 뒷편에 매복하고 있던 통영과 화도의 조선 수군은 학익진 형태로 진영을 펼쳐서 포격을 하니 왜군 함선은 사방에서 포위되어 섬멸되었다. 왜군은 73척 중 59척이 격침당하고 병력의 상당수를 잃었다.

왜군 수장(와키자카 야스하루)은 한산도로 가까스로 도망쳐 13일간 해초만 먹고 버티다 뗏목을 타고 탈출하였다. 매년 그의 후손들은 해전이 벌어졌던 8월 14일에 미역만 먹는다고 한다. 왜군은 한산도 대첩 패배로 육군과 수군이 합세하여 서쪽을 공략하려던 수륙병진 작전을 포기하였다.

이순신 장군은 왜군을 속여 지형을 활용한 매복과 무기의 강점을 활용한 전술을 통해 한 치의 오차도 없이 왜군을 완전히 포위하여 섬멸하였다.

손자를 넘어 상위 1% 사상으로 올라서기

1. 내가 왜군 수장(와키자카 야스하루)이라면 이순신 장군과 어떻게 전투했을까?
2. 이순신 장군은 한산도 대첩 이후 왜군 후방인 대마도를 왜 정벌하지 않았을까?
3. (스스로에게) 관련 내용에 대해 다른 질문을 하고 대답해보세요.

> 夫未戰而廟算勝者(부미전이묘산승자) 得算多也(득산다야). 未戰而廟算不勝者(미전이묘산불승자) 得算少也(득산소야). 多算勝(다산승) 少算不勝(소산불승). 而況於無算乎(이황어무산호). 吾以此觀之(오이차관지) 勝負見矣(승부견의).

　　무릇 싸우지 않고도 조정회의에서 평가(廟算)하여 이긴다[3]는 것은, 판단된 승산(算)이 많은 것이요, 싸우지 않고도 조정회의 평가에서 이기지 못하는 것은 판단된 승산이 적은 것이다. 승산이 많으면 승리하고 승산이 적으면 승리하지 못한다. 하물며 승산이 전혀 없으면 어떠하겠는가. 나는 이러한 것을 봄으로써 전쟁의 승부를 알 수가 있다.

離 떼놓다, 가르다	驕 교만하다
佚 편하다	夫 무릇, 일반적으로
未 아니다	廟 조정회의, 사당
算 계산하다, 세다	少 적다
況 하물며, 더구나	於 ~에, ~보다, (어조사) 어
乎 ~로다. ~구나. (어조사) 호	觀 보다
況~乎 하물며 ~하겠는가?	負 (승부에) 지다
見 보이다, 보다	

3　　사례 : 초나라 항우와 한나라 유방. 우세했던 항우는 방심하여 패하고 자결하다

사례

초나라 항우와 한나라 유방,
우세했던 항우는 방심하여 패하고 자결하다

초·한전(BC 206~202)은 진나라가 멸망한 이후에 초나라 항우와 한나라 유방이 패권을 다투는 전쟁으로 현재의 장기판은 이때 유래한 것이다. 한나라 유방(BC 247~195, 향년 52세)은 농민 출신으로 제대로 배우지도 못한 한량 같은 사람이나 주변 인물들의 능력을 활용하여 중국을 통일한 인물이다. 초나라 항우(BC 232~202, 향년 30세)는 귀족 출신으로 무예가 출중하여 독불장군식이며, 한나라와의 싸움에서 거의 패한 적이 없었다. 항우는 진나라 병사들 20만여 명을 생매장하고 왕족과 관리 등 4천여 명을 학살하는 등 사려 깊지 않은 행동들로 인해 반감을 증가시켰다.

또한 인재 등용에도 신중하지 못했다. 명장 한신도 처음에는 항우 밑에서 일했으나 한신이 어떤 제안을 해도 철저히 무시하여 유방에게로 도망쳐 장수가 된다. 한신이 항우를 망하게 할 줄 누가 알았겠는가. 항우는 자신이 제일인 듯 주변 의견을 경청하지 않고 책사들까지 내쳐버린다. 항우와 유방은 소규모 게릴라전으로 수개월 동안 진전은 없이 서로 피해만 커지자 영토를 양분하자며 휴전협정을 맺었다. 항우(초나라)가 태연하게 돌아갈 때 유방(한나라)은 휴전협정을 위반하고 해하 지역에서 항우를 급습하였다. 한나라 군대는 항우 군대를 여러 겹으로 물샐틈없이 포위하여 연일 공격해가면서 야밤에는 군량마저 바닥나

어려움을 겪고 있는 초나라의 사기 저하를 위해 사방에서 초나라의 구슬픈 노랫소리를 들려주니(사면초가) 초나라 군사들은 싸울 의지도 급격히 약화되고 도망자들도 많이 생겼다. 결국 항우는 패하며 자결하였고, 유방은 해하전투에서 단 한 번의 승리로 천하를 통일하였다.

한 장수의 뛰어난 힘보다는 주변 인재들을 활용하는 것이 얼마나 중요한지를 잘 보여주는 사례라고 할 수 있다.

손자를 넘어 상위 1% 사상으로 올라서기

1. 내가 항우였다면 초나라의 우세를 어떻게 활용했을까?
2. 휴전협정 이후 유방(한)이 항우(초)를 급습했던 것에 대해 어떻게 생각하는가?
3. (스스로에게) 관련 내용에 대해 다른 질문을 하고 대답해보세요.

第二

作戰篇
(작전편)

> 孫子曰(손자왈) 凡用兵之法(범용병지법) 馳車千駟(치차천사) 革車千乘(혁차천승) 帶甲十萬(대갑십만) 千里饋糧(천리궤량) 則內外之費(즉내외지비) 賓客之用(빈객지용) 膠漆之材(교칠지재) 車甲之奉(차갑지봉) 日費千金(일비천금) 然後十萬之師擧矣(연후십만지사거의). 其用戰也(기용전야) 貴勝(귀승) 久則鈍兵挫銳(구즉둔병좌예) 攻城則力屈(공성즉역굴). 久暴師則國用不足(구폭사즉국용부족). 夫鈍兵挫銳(부둔병좌예) 屈力殫貨(굴력탄화) 則諸侯乘其弊而起(즉제후승기폐이기). 雖有智者(수유지자) 不能善其後矣(불능선기후의).

손자가 말하기를, 무릇 군사를 쓰는 법은, 전차 1,000대, 치중차 1,000대, 무장병 10만 명, 천 리 밖까지 보급할 군량을 준비하려면, 국내·외에서 사용하는 비용, 외교사절의 접대비, 무기의 정비·수리 재료, 수레와 갑옷의 조달 등으로 하루에 천금의 비용이 소요된다. 그러한 것들을 준비한 연후에 10만 명의 군사를 일으킬 수 있다. 그 전쟁을 함에 승리를 귀하게 여기지만, <u>전쟁을 오래 끌면 군대가 무뎌지고 날카로움이 꺾인다.</u>[4] 성을 공략하면 힘이 약화된다. 오랫동안 군대를 무리하게 부리면, 곧 나라의 재정이 부족해진다. 무릇 군대가 둔해져 날카로움이 꺾이고, 힘이 약화되고 재정이 고갈되면, 다른 제후국이 그 폐단을 틈타 일어날 것이다. 비록 지혜로운 자가 있다 하더라도 그 뒷감

---

4 사례 : 전차전, 사막의 여우(롬멜)와 사막의 생쥐(몽고메리) 중 생쥐가 승리하다

당을 좋게 수습하지 못한다.

用 쓰다, 수행하다, 물품	法 법, 규칙
馳 달리다, 질주하다	駟 수레에 매는 네 마리 말
馳車 전투용 전차	革 가죽
革車 보급용 수레	乘 수레의 수량단위, 오르다
帶 두르다	甲 갑옷
帶甲 갑옷 입은 병사	饋 먹이다
糧 식량, 양식	饋糧 먹을 양식
則 곧, 법칙	費 소비하다, 재화, 재정
賓 손님	客 손님
膠 아교, 아교로 붙이다	漆 옻나무, 옻칠하다
膠漆 무기 정비·수리에 사용	材 재료, 원료
奉 받들다, 드리다	然 그러하다
師 군대, 스승	擧 일으키다
矣 문장 마침 조사	貴 귀하다, 비싸다
鈍 무디다, 둔하다	挫 꺾다
銳 날카롭다	屈 다하다, 굽히다
暴 사납다	暴師 군대를 무리하게 부리다
殫 다하다, 고갈되다	貨 재물, 재화
弊 폐단, 나쁘다	起 일어나다
雖 비록, ~할지라도	

사례

전차전, 사막의 여우(롬멜)와
사막의 생쥐(몽고메리) 중 생쥐가 승리하다

롬멜은 제2차 세계대전 초기에 북아프리카에서 불패신화로 여우처럼 교활하고 영리하게 승리를 지속하여 사막의 여우라고 하였고, 몽고메리는 지구전을 펼치며 기만에 능했기에 사막의 생쥐라는 애칭이 붙었다.

이탈리아가 북아프리카에서 영국군에게 대패하자 동맹국 독일은 롬멜 전차부대를 투입한다. 롬멜은 영국군이 조직적이지도 않으면서 전력도 약한 상태라는 것을 파악하고 영국 탱크를 유인하여 매복시켰던 전차 공격을 통해 승리해 나갔다. 롬멜의 지속된 승리는 영국군에게 공포를 주었고, 롬멜은 장갑차와 정찰기를 타고 장병들과 함께 전장을 누비면서 수시로 적정을 살폈다. 이때 영국군의 패색이 짙어질 무렵에 몽고메리는 사령관으로 부임하여 일체 반격은 하지 않고 전투 준비에만 만전을 기했다. 결국 롬멜과 몽고메리는 이집트 알렉산드리아 남서쪽의 엘알라메인 지역에서 전투를 치렀다. 이 지역은 육상 교통의 요지로 양국에게는 반드시 점령해야 할 지역이었다. 엘알라메인 전투(1942년 10월 23일~11월 4일)에서 롬멜은 승리할 결정적 찬스가 몇 번 있었지만 전차 연료와 탄약 등 보급품 부족으로 궤멸 직전의 영국군을 더 밀어붙이지 못하고 승리를 놓쳤다. 이에 반해 몽고메리는 롬멜의 전차전 특성을 철저히 분석하고 상대의 보급품 부족 등을 잘 이용하고 적시에 보급되는 무기와 장비를 통해 승리를 하였다. 이 전투에서 독일군은 전사 3만여 명, 전차 500여 대 손실, 야포 254문과 항공기 84대가 파괴되었고, 영국군은 전사 1.5만여 명, 전차 500여 대 손실, 야포 111문과 항공기 97대 파괴 등 양국의 피해는 매우 심각했다.

독일군은 수천 km까지 신장된 보급선으로 피해 복구는 물론이거니와 당장 필요한 유류, 탄약, 전차 등을 보급할 수 없었다. 이에 반해 영국군은 필요한 장비나 물자들이 신속하게 충원되었다. 이 전쟁의 승패는 미리 예상할 수 있었던 것이었다.

손자를 넘어 상위 1% 사상으로 올라서기

1. 내가 롬멜이었다면 수천 km 떨어진 지역에서 어떻게 전투하였을까?
2. 롬멜은 보급수송이 용이하도록 북아프리카 전쟁 지역을 조정할 수는 없었을까?
3. (스스로에게) 관련 내용에 대해 다른 질문을 하고 대답해보세요.

故兵聞拙速(고병문졸속) 未睹巧之久也(미도교지구야). 夫兵久而國利者(부병구이국리자) 未之有也(미지유야). 故不盡知用兵之害者(고부진지용병지해자) 則不能盡知用兵之利也(즉불능진지용병지리야). 善用兵者(선용병자) 役不再籍(역불재적) 糧不三載(양불삼재). 取用於國(취용어국) 因糧於敵(인량어적) 故軍食可足也(고군식가족야). 國之貧於師者遠輸(국지빈어사자원수). 遠輸卽百姓貧(원수즉백성빈). 近師者(근사자) 貴賣(귀매) 貴賣則百姓財竭(귀매즉백성재갈) 財竭則急於丘役(재갈즉급어구역). 力屈財殫(역굴재탄) 中原內虛於家(중원내허어가) 百姓之費(백성지비) 十去其七(십거기칠). 公家之費(공가지비) 破車罷馬(파차파마) 甲冑弓矢(갑주궁시) 戟楯矛櫓(극순모로) 丘牛大車(구우대차) 十去其六(십거기육).

　　그러므로 전쟁은 다소 미흡하더라도 속히 끝내야 한다는 말은 들었으나, 아직 정교하기 위해 오래 끈다는 것은 보지 못했다. <u>무릇 싸움을 오래 하여 나라에 이로움이 있는 경우는 아직 없었다.</u> [5] 그러므로 전쟁의 해로움을 다 알지 못하는 자는, 전쟁의 이로움도 다 알 수가 없는 것이다. 용병을 잘하는 자는, 장병을 두 번이나 징집하지 않고, 군량을 세 번이나 실어 나르지 않는다. 적국에서 획득하고, 적에서 양식을 구해서 사용하니 그러므로 군량을 넉넉히 할 수 있다. 나라가 군대로 가난

5　사례 : 수(隋)나라, 아버지가 건국하여 아들이 멸망시키다

해짐은 멀리 수송하기 때문이다. 멀리 수송하면 백성들이 가난해진다. 전쟁 지역 근처에서는 물가가 비싸지니, 비싸지면 백성의 재정이 고갈되고, 고갈되면 부역을 모으는 데 급해진다. 국력이 약화되고 재물이 고갈되면, 나라 안이 집집마다 텅 비게 되고, 백성들 재화는, 70%가 탕진될 것이다. 국가의 재정은, 수레가 파괴되고 말이 피폐해지고, 갑옷과 투구, 활과 화살, 창과 방패, 수송수단(丘牛大車) 등으로 60%가 허비된다.

拙 서투르다, 못나다	速 빠르다
睹 보다, 분별하다	巧 교묘하다, 공교하다
盡 다하다, 끝나다	盡知 속속들이 잘 안다
善用 잘하다	役 부리다, 일을 시키다
再 두 번 하다, 다시	籍 병적, 장부, 서적
載 실어 나르다	取 취하다
因 원인으로	可足 수량 등이 넉넉하다
貧 가난하다	輸 수송하다
卽 즉, 곧	賣 팔다, 매
財 재정, 재산	竭 고갈되다
急 급하다	丘 모으다
役 부리다, 부역	殫 다하다
中原 넓은 들판, 나라	虛 비다
姓 성	去 잃다, 가다
破 깨짐, 깨뜨리다	罷 방면하다, 피로하다
冑 투구	矢 화살
戟 창	楯 방패, 난간
矛 창	櫓 방패
丘牛 큰 소	

사례

수(隋)나라,
아버지가 건국하여 아들이 멸망시키다

　수(隋, 581~618)는 아버지 수문제(581~604, 재위 24년)를 걸쳐 아들인 수양제(604~618, 재위 14년)까지인 38년 만에 단명한 왕조이다. 수나라는 왜 이토록 짧은 수명으로 이어질 수밖에 없었는지 그 이유는 수나라의 통치자를 살펴보면 의외로 간단하다.

　후한이 멸망하고 약 360여 년 동안 분열되었던 중국을 수문제는 다시 통일하였다. 그는 토지와 군사 등을 정비하여 나라의 기초를 튼튼히 하고, 과거제도를 처음으로 실시하여 인재를 등용하였다. 왕조가 안정되는 듯했으나 수문제가 병으로 죽자 아들 수양제가 뒤를 이었고, 동생들을 계략으로 없애버렸다. 아버지의 죽음에 대해서도 수양제의 모략을 의심하는 이들도 있었다. 수양제는 아버지의 검소함과는 대조적으로 자신의 사치를 위해 40개의 궁궐을 짓고, 황하와 양쯔강을 잇는 운하를 완성하여 100개의 방이 있는 놀잇배를 띄워 마음껏 즐겼다. 농사는 개의치 않고 수시로 토목공사를 위해 백성들을 동원하였고, 자신의 위엄을 보여주기 위해 무리하게 고구려 원정을 3차례나 실시하였다. 고구려 을지문덕의 살수대첩 등 여러 전투에서 참패하여 대규모의 인명과 물자 손실로 수나라의 민심은 불만의 목소리가 매우 컸다. 고구려를 공격하는 도중에도 대규모 반란이 일어나 전쟁 중에 철군하였고, 급기야 전국에서 백성들이 반란을 일으켜 왕조가 매우 불안정했으며, 결국 수양제는 618년 부하에 의해 살해되었다.

손자를 넘어 상위 1% 사상으로 올라서기

1. 수나라가 2대째에서 멸망하지 않고 지속될 수 있는 방법은 무엇이 있을까?
2. 내가 수양제였다면 고구려와의 전쟁을 어떻게 수행했을까?
3. (스스로에게) 관련 내용에 대해 다른 질문을 하고 대답해보세요.

> 故(고) 智將務食於敵(지장무식어적) 食敵一鐘(식적일종) 當吾二十鐘(당오이십종) 萁稈一石(기간일석) 當吾二十石(당오이십석). 故(고) 殺敵者(살적자) 怒也(노야) 取敵之利者(취적지리자) 貨也(화야). 車戰得車十乘以上(차전득차십승이상) 賞其先得者(상기선득자) 而更其旌旗(이경기정기) 車雜而乘之(차잡이승지) 卒善而養之(졸선이양지). 是謂勝敵而益强(시위승적이익강). 故兵貴勝(고병귀승) 不貴久(불귀구). 故知兵之將(고지병지장) 民之司命(민지사명) 國家安危之主也(국가안위지주야).

그러므로 지혜로운 장수는 적지에서 먹을 것을 구하는 데에 힘쓰니, 적의 식량 1종을 구함은 나의 20종에 해당하며, 적의 말 먹이(콩깍지와 볏짚) 1석은 나의 20석에 해당된다. 그러므로 적을 죽이는 것은 적개심으로 하고, 적에게 이득을 취하는 것은, 재물로 한다. 전차전에서 적의 전차 10대 이상을 얻으면, 그 먼저 얻은 자에게 상을 주고, 그 전차에 깃발을 바꾸어 달고, 아군 전차를 섞어 운용하며, 포로에게 잘 대우해주니, 이를 일러 적에게 이길수록 더욱 강해진다고 한다. 그러므로 <u>전쟁은 승리가 귀중한 것이지, 오래 끄는 것이 귀한 것이 아니다.</u>[6] 그러므로 전쟁의 이러한 속성을 아는 장수는, 백성의 생명을 맡을 만한 인물이요, 국가 안위에 관한 일을 맡을 수 있는 주인이다.

---

6 사례 : 한니발, 최초로 알프스 산맥을 넘어서 로마군의 허를 찌르다

智 지혜	務 힘쓰다, 일
食 먹을거리, 밥	鐘 단위, 씨앗
當 균형 있다, 마땅히 ~한다	莒 꼬깍지, 상추
稈 볏짚	石 ~섬, 돌
殺 죽이다	怒 사기, 적개심, 성내다
賞 상을 주다	更 고치다, 다시
旌 (사기 고무할 때 사용) 기	旗 붉은 기
雜 뒤섞이다	養 양생하다, 잘 대해주다
是 이, 바르다	謂 이르다, 생각건대
益 더하다, 증가	强 강하다, 굳세다
司 맡다, 벼슬	命 목숨, 생명
危 위태하다	主 주인, 임금

사례

한니발,
최초로 알프스 산맥을 넘어서 로마군의 허를 찌르다

지중해 패권을 놓고 카르타고와 로마는 충돌하였다. 카르타고(現 튀니지)의 한니발(BC 247~183) 장군은 알프스 산맥을 넘으며 로마를 급습하여 연전연승했다. 로마군은 막대한 피해로 전투를 회피하면서 지구전을 전개했다. 이때 로마 시민들은 한니발과의 결전을 요구했고, 로마군의 바로는 카르타고의 한니발과 이탈리아 칸나이 평원에서 전투를 했다. 칸네전투(BC 216년 8월)는 한니발의 군사적 천재성을 보여준 대표적인 전례이다. 한니발군과 바로군은 부대 배치를 동일하게 중앙에는 중보병, 그 앞쪽에는 경보병, 양쪽에는 기병을 배치하였다. 여기에서 한니발군은 중앙의 중보병을 활처럼 튀어나오게 하였고, 싸움이 시작되면 뒤로 서서히 물러나도록 하여 바로군이 중앙 깊숙이 따라 들어오도록 하였으며, 양쪽 기병을 통해 바로군을 신속히 격파하고 배후를 쳐서 양익 포위 섬멸하였다. 바로군은 전멸에 가까운 피해를 입었다. 바로군은 8만 6천여 명 중 8만여 명에 가까운 사상자를 냈던 것이다.

양국에게는 칸네전투 이후가 매우 중요했다. 한니발은 전과 확대를 통해 로마를 무너뜨려야 했으나 원정에서는 공성전은 무리라고 판단하여 로마가 협상에 나올 수 있도록 로마의 주변 동맹 도시들을 항복시키는 데 집중했다. 하지만 로마가 협상에 나오지 않자 한니발은 자신의 의도가 틀렸다고 생각하고 재결전을 통해 로마군을 완전히 붕괴시키려 했다. 로마군은 전면전 대신에 지구전, 게릴라전 등에 충실하여 신속하게 병력을 회복했다. 로마군은 한니발군과 상대하지 않고 카르타고를 직접 공격하자 한니발은 로마를 뒤로하고 조국 카르타고를 지키기 위해 회군하였다. 결국 한니발은 로마군과의 전쟁에서 패하였고, 카르타고도 멸망하여 역사 속으로 사라졌다.

한니발군이 칸네전투 이후에 로마를 지체 없이 공격했더라면 로마의 운명은 새로운 국면을 맞았을 것이다.

손자를 넘어 상위 1% 사상으로 올라서기

1. 내가 한니발이었다면 칸네전투 이후 로마 정복을 위해 어떻게 했을까?
2. 카르타고가 로마에게 멸망하지 않는 방법은 무엇이 있었을까?
3. (스스로에게) 관련 내용에 대해 다른 질문을 하고 대답해보세요.

第三

謀攻篇
(모공편)

> 孫子曰(손자왈) 凡用兵之法(범용병지법) 全國爲上(전국위상) 破國次之(파국차지). 全軍爲上(전군위상) 破軍次之(파군차지). 全旅爲上(전려위상) 破旅次之(파려차지). 全卒爲上(전졸위상) 破卒次之(파졸차지). 全伍爲上(전오위상) 破伍次之(파오차지).
>
> 是故(시고) 百戰百勝(백전백승) 非善之善者也(비선지선자야). 不戰而屈人之兵(부전이굴인지병) 善之善者也(선지선자야). 故上兵伐謀(고상병벌모) 其次伐交(기차벌교) 其次伐兵(기차벌병) 其下攻城(기하공성). 攻城之法(공성지법) 爲不得已(위부득이). 修櫓轒輼(수로분온) 具器械(구기계) 三月而後成(삼월이후성) 距堙又三月而後已(거인우삼월이후이).

손자가 말하기를, 무릇 용병의 법에 있어서, 나라를 온전하게 함이 가장 좋은 것[7]이고, 나라를 파괴하는 것이 그 다음으로 여긴다. 군을 온전하게 함이 가장 좋은 것이고, 군을 파괴하는 것이 그 다음으로 여긴다. 려를 온전하게 함이 가장 좋은 것이고, 려를 파괴하는 것이 그 다음으로 여긴다. 졸을 온전하게 함이 가장 좋은 것이고, 졸을 파괴하는 것이 그 다음으로 여긴다. 오를 온전하게 함이 가장 좋은 것이고, 오를 파괴하는 것이 그 다음으로 여긴다.

그러므로 백 번 싸워 백 번 이기는 것은, 최선의 방법이 아니며, 싸

---

7 사례 : 매국노의 대명사인 이완용과 세계 최장수 노인 중 누가 더 풍요로운가?

우지 않고 적군을 굴복시키는 것이, 최선의 방법이다. 그러므로 가장 좋은 용병법은 적의 꾀(계략)를 치는 것이고, 그 다음은 적의 외교관계를 치는 것이고, 그 다음은 군대를 치는 것이고, 최하는 적의 성을 공격하는 것이다. 성을 공격하는 것은, 부득이하여 하는 것이다. 방패와 공성용 수레를 수리하고, 각종 장비를 갖추는 것이 3개월이 지나야 이뤄진다. 성벽 공격용 망루도 또한 3개월이 지나야 완성되는 것이다.

全 온전하다, 전체	上 가장 뛰어남, 상, 임금
破 깨뜨리다	次 다음, 뒤를 잇다
軍 12,500명 규모 부대	旅 500명 규모 부대
卒 100명 규모 부대	伍 5명 규모 부대
非 아니다	屈 굴복시키다, 굽히다
伐 치다, 베다	謀 꾀, 책략, 권모술수
交 사귀다, 외교, 동맹	城 성, 나라, 도읍
已 이미, 말다	修 고치다, 닦다
櫓 방패	轒 성을 공격 때 쓰는 수레
轀 와거, 쌓다	轒轀 공성용 수레
具 갖추다	器 기계, 그릇
械 기구, 도구	器械 각종 장비
距 이르다, 떨어지다	堙 사닥다리, 막다
距堙 성벽 공격용 망루	又 다시

사례

매국노의 대명사인 이완용과 세계 최장수 노인 중 누가 더 풍요로운가?

❶ 이완용(1858~1926, 향년 69세)은 미국 생활의 경력으로 대미 외교를 맡았으며, 34세에 종2품까지 고속 승진했다. 그는 을미사변(1895, 명성황후 시해) 때에 미국 공사관으로 대피하고 고종을 러시아 공사관에 피신시켰다(1896, 아관파천). 이로 인해 그는 고종의 최측근 관료가 되지만 횡령 및 부패 혐의가 식별되어 파면되었다가 대미외교에 필요해 복귀시켰다(1904). 그는 러·일전쟁 이후(1905) 친일파가 되었고, 일본은 을사오적(이완용, 권중현, 이근택, 박제순, 이지용)의 도움으로 을사늑약(대한제국 외교권 박탈)을 체결한다(1905). 이완용은 총리대신과 광산사무국 총재로 임명되어 권력과 재력을 갖게 되고, 일본(이토 히로부미)에게 어떤 난관에도 좌절하지 않고 대한제국을 일본에 바치겠다고 맹세한다. 이완용은 이재명 의사에 의해 칼에 찔려 중상을 입었지만 회복된다. 그는 일본과 대한제국을 하나로 만들겠다는 치욕적인 조약(1910, 한일강제병합조약)에 앞장섰다. 일본어를 배우고 위인전은 금서시키며, 민족정신을 말살하는 등의 매국행위를 일삼았으며, 일본으로부터 백작 작위와 15만 원(現 30억)을 받았고, 3,700평의 대저택과 지금의 가치로 600억여 원의 현금을 보유하기도 하였다.

❷ 세계 최고령자 인증(2020)을 받은 112세 할아버지에게 장수 비

결을 묻는 말에 '웃음'이라고 했다. 또한 106세 할머니 역시 장수 비결로 '웃음과 만족'을 꼽았다. 두 명의 장수인은 공통적으로 장수 비결을 '웃음'이라 하였다. 그 웃음은 남과 비교하지 않으며, 상대를 배려하고, 자신에게는 삶의 만족도를 높일 때에 나오는 것이다.

이완용은 자신의 부귀영화를 위해 나라를 파괴하고, 국민들에게 고통을 남겼으며, 후손들에게는 영원히 손가락질을 당하는 매국노의 대명사가 되었다.

손자를 넘어 상위 1% 사상으로 올라서기

1. 내가 이완용이었다면 영어에 능숙했던 것들을 어떻게 활용했을까?
2. 내가 세계 최고령자가 되려면 어떻게 생활해야 할까?
3. (스스로에게) 관련 내용에 대해 다른 질문을 하고 대답해보세요.

將不勝其忿(장불승기분) 而蟻附之(이의부지) 殺士卒三分之一(살사졸삼분지일) 而城不拔者(이성불발자) 此攻之災也(차공지재야). 故(고) 善用兵者(선용병자) 屈人之兵(굴인지병) 而非戰也(이비전야) 拔人之城(발인지성) 而非攻也(이비공야). 毁人之國(훼인지국) 而非久也(이비구야). 必以全爭於天下(필이전쟁어천하). 故(고) 兵不鈍而利可全(병부둔이리가전) 此謀攻之法也(차모공지법야). 故(고) 用兵之法(용병지법) 十則圍之(십즉위지) 五則攻之(오즉공지) 倍則分之(배즉분지). 敵則能戰之(적즉능전지) 少則能守之(소즉능수지) 不若則能避之(불약즉능피지). 故(고) 小敵之堅(소적지견) 大敵之擒也(대적지금야). 夫將者(부장자) 國之輔也(국지보야) 輔周則國必强(보주즉국필강) 輔隙則國必弱(보극즉국필약).

故軍之所以患於君者三(고군지소이환어군자삼). 不知軍之不可以進(부지군지불가이진) 而謂之進(이위지진) 不知軍之不可以退(부지군지불가이퇴) 而謂之退(이위지퇴) 是謂縻軍(시위미군).

　장수가 분노를 이기지 못하고 준비 없이 병사들을 성벽에 개미떼처럼 붙어 기어오르게 하여, 사졸 3분의 1을 죽이고도 성을 빼앗지 못하면, 이는 공격의 재앙이다. 그러므로 용병을 잘하는 자는, 적의 군대를 굴복시키되, 싸우지 않고, 성을 빼앗되, 공성 없이 하고, 적국을 무찌르되, 오래 끌지 않는다. 반드시 온전함으로써 천하를 다툰다. 군대를 둔하게 하지 않고 이익을 온전케 하는 것이니, 이것이 모공의 방법이다. 그러므로 용병법은 적보다 10배이면 포위하고, 5배이면 공격하며, 2배이면 나누어 운용한다. 적이 대등하면 맞서 잘 싸우고, 적보다 적으면 잘 지키고, 상대가 안 되면 잘 피해야 한다. 그러므로 적은 부대가 견고하게 버티다가는 많은 적에게 사로잡힐 것이다. 무릇 장수는 나라의 중요한 보좌이니, 보좌가 치밀하면 나라는 반드시 강해지고, 보좌가 엉성하면 나라는 반드시 약해진다.[8]

그러므로 군대에 군주가 근심을 끼치는 일이 세 가지가 있다. 군이 나아가서는 안 됨을 알지 못하고, 나아가게 하고, 군이 물러나서는 안 됨을 알지 못하고, 물러나게 하면, 이를 일러 군을 속박한다고 한다.

忿 분노, 성내다	蟻 개미
附 붙다, 기대다	拔 빼앗다, 공략하다
災 재앙, 화재	毁 무찌르다
久 오래다	鈍 둔하다, 무디다
圍 둘러싸다, 포위하다	倍 배, 곱절
分 나누다	少 적다
守 지키다	若 같다
避 피하다	堅 견고하게 하다
擒 사로잡다, 생포하다	夫 무릇, 지아비
輔 보좌, 보조역, 덧방나무	周 두루, 치밀하다
隙 틈, 구멍, 엉성하다	弱 약하다
强 강하다, 굳세다	患 근심, 걱정
進 나아가다, 전진하다	退 물러나다, 퇴각하다
縻 얽어매다, 고삐	

---

8   사례 : 소멸된 국가들, 지도부와 구성원들 모두는 책임을 져야 한다

사례

소멸된 국가들,
지도부와 구성원들 모두는 책임을 져야 한다

　대한민국에 이르기까지 소멸된 국가들은 고구려 · 백제 · 신라 · 후백제 · 고려 · 조선 등이 있다. 세계 주변국에서는 진 · 한 · 수 · 당 · 명 · 청 · 카르타고 · 소련 등이 있다. 국가가 소멸되어 가는 과정에서 국민들은 참담한 고통을 겪을 수밖에 없다. 일제강점기에 조상들은 온갖 생체실험의 대상이 되기도 하였고, 위안부나 강제징용 등 말로 표현할 수 없는 상처를 받았다. 모두에게 잘 알려진 홀로코스트는 국가가 없었던 당시의 유대인 600만 명의 대량학살을 표현하고 있으며, 홀로도모르는 350만 명의 우크라이나 대학살(1932~1933년)로 힘없는 국가의 국민이 받아야만 하는 현실을 잘 나타내주고 있다.

　공통적으로 소멸 및 쇠락한 국가들의 가장 큰 원인에는 지도부의 자질 부족을 들 수 있다. 국가의 지도자가 개인적인 신념이나 감정에 치우치게 되면 자연스레 유사한 인물들이 지도층을 형성하게 된다. 국가는 혼란스러워지고 간신들은 더욱 득세하여 국가는 나락으로 떨어지는 것이다. 능력 있는 인재들을 알아보지 못하고 오히려 배척하다 보니 국가의 방향을 이끌고 나아갈 지도부는 부패되고, 국가는 분열되어 국민들은 피폐해지며, 국가 존립의 정당성을 잃게 되는 것이다.

　한 국가의 지도부는 이들을 뽑은 국민들의 수준이라는 말이 있다. 국민들의 수준이 높으면 그만큼 지도부도 격이 높아질 것이다. 즉, 국민 개개인의 수준을 높이면 국가는 번성하는 것이다.

손자를 넘어 상위 1% 사상으로 올라서기

1. 나의 국가가 소멸되지 않도록 구성원으로써 현재 무엇을 해야 될까?
2. 당신이 속한 가정(회사)이 번성하기 위해 무슨 노력을 하고 있는가?
3. (스스로에게) 관련 내용에 대해 다른 질문을 하고 대답해보세요.

不知三軍之事(부지삼군지사) 而同三軍之政(이동삼군지정) 則軍士惑矣(즉군사혹의). 不知三軍之權(부지삼군지권) 而同三軍之任(이동삼군지임) 則軍士疑矣(즉군사의의). 三軍旣惑且疑(삼군기혹차의) 則諸侯之難至矣(즉제후지난지의) 是謂亂軍引勝(시위란군인승).

故知勝有五(고지승유오). 知可以與戰不可以與戰者勝(지가이여전불가이여전자승). 識衆寡之用者勝(식중과지용자승). 上下同欲者勝(상하동욕자승). 以虞待不虞者勝(이우대불우자승). 將能而君不御者勝(장능이군불어자승). 此五者知勝之道也(차오자지승지도야).

故曰(고왈) 知彼知己(지피지기) 百戰不殆(백전불태). 不知彼而知己(불지피이지기) 一勝一負(일승일부). 不知彼不知己(불지피불지기) 每戰必敗(매전필패).

삼군의 일을 모르고 삼군의 행정에 개입하면, 군사들은 미혹스럽게 될 것이다. 삼군의 임기응변(權)을 모르고 삼군의 작전을 간섭하면, 군사는 의심하게 된다. 삼군이 이미 미혹되고, 또한 의심하게 되면, 인접 제후의 난이 이르게 된다. 이러하면 군을 어지럽게 하여 승리를 잃게 되는 것이다.

그러므로 승리를 아는 것에는 다섯 가지 조건이 있다. 더불어 싸워야 할지, 더불어 싸우지 말아야 할지를 아는 자는 이긴다. 병력의 많고 적음에 맞게 작전을 사용하는 자는 이긴다. 상하가 하고자 하는 바가 같으면 이긴다. 헤아려 준비된 자는 그렇지 못한 자를 기다리면 이긴다. 장수가 유능하고 군주가 간섭하지 않는 자는 이긴다. 이 다섯 가지는 승리를 아는 길[9]이다.

그러므로 적을 알고 나를 알면 백 번 싸워도 위태롭지 않다. 적을 모르고 나를 알면 한 번은 이기고 한 번은 진다. 적을 모르고 나도 모르면 매 싸움에서 반드시 패한다.

同 개입하다, 같게, 함께	政 정사(政事)
惑 미혹하다, 정신 못차리다	權 임기응변, 경중, 대소 분별
任 작전, 소임, 맡은 일	疑 의심하다
矣 문장 끝에 단정의 어조사	旣 이미, 벌써
同 같다, 간섭하다	且 또한
難 난, 어렵다	至 이르다, 도래하다
亂 어지럽다, 반역	引 물러서다, 끌다
與 더불어, 같이	識 알다, 지식
衆 많은 사람, 무리	寡 적다
欲 하고자 하다, 욕구	虞 헤아리다
待 기다리다, 대비하다	御 어거하다, 다스리다
道 길, 이치	彼 타인, 저 사람
己 자기, 다스리다	殆 위태로워하다
負 지다	每 늘, 언제나
敗 무너지다, 깨뜨리다	

---

9 사례 : 중국 대륙의 공산화, 모택동은 승리했고 장개석은 실책했다

사례

중국 대륙의 공산화,
모택동은 승리했고 장개석은 실책했다

모택동(마오쩌둥, 1893~1976, 향년 82세)은 1920년에 공산주의 조직을 창설하여 중앙군사위원회 주석(1936)에 올랐고, 중앙위원회 주석(1936)을 죽기 전까지 맡았다. 장개석과 전면적인 내전을 선포(1946)하고 여러 전투에서 승리하여 장개석의 국민당 정부를 전복하였으며, 중앙인민정부를 탄생(1949)시켜 주석에 당선되어 중화인민공화국의 성립을 전 세계에 선포(1949년 10월)하였다.

장개석(1887~1975, 향년 87년)은 국민혁명군 총사령관(1926)을 맡아 군벌들을 제압하기 위해 북벌을 시작하였고, 베이징을 점령한 이후에 중국 국가 주석으로 취임(1928)하였다. 그는 독재를 강화하고 공산당을 탄압했다. 일본에 공동 대응하기 위해 국공합작을 시작(1937)하여 제2차 세계대전 이후 공산당과 결별(1946)하고 내전이 시작되었다. 국민당 지배하의 중국은 장개석의 일인 독재체제였으며, 경제적으로는 그의 주변 세력에 의한 독점체제였다. 결국 장개석은 일당 독재에서 비롯된 심각한 부패를 막지 못했고 국민의 지지를 얻지 못했다. 공산당보다 막강한 경제력과 군사력을 보유했으면서도 공산당에 패하여 타이완으로 쫓겨나(1949년 12월) 그곳에서 중화민국 총통과 국민당 총재를 지냈다.

공산당과 국민당의 내전에서 모택동은 상황에 맞게 해야 할 것과

하지 말아야 할 것을 분명히 하여 국민들에게 민심을 얻었고, 장개석은 국가 운영에 대한 전략이 부재했다. 그래서 국민당은 심각한 부패에 직면하게 되었고, 공산당은 엄정한 기강을 확립할 수가 있었다. 국민당 군대는 통제체계도 잘 갖춰지지 않아 식량을 약탈하고 국민들을 소홀히 대했지만, 공산당 군대는 국민에게 식량을 약탈하면 총살시키고 오히려 집수리, 모내기 지원 등으로 철저한 통제를 통해 민심을 얻었다.

손자를 넘어 상위 1% 사상으로 올라서기

1. 내가 장개석이었다면 공산당과의 대결에서 어떻게 하면 승리할 수 있었겠는가?
2. 당시 미국 등 주변국들과의 외교력을 통해 공산화를 막을 수는 없었을까?
3. (스스로에게) 관련 내용에 대해 다른 질문을 하고 대답해보세요.

第四

軍形篇
(군형편)

孫子曰(손자왈) 昔之善戰者(석지선전자) 先爲不可勝(선위불가승) 以待敵之可勝(이대적지가승). 不可勝在己(불가승재기) 可勝在敵(가승재적). 故善戰者(고선전자) 能爲不可勝(능위불승) 不能使敵之必可勝(불능사적지필가승).

故曰(고왈) 勝可知不可爲(승가지불가위). 不可勝者守也(불가승자수야) 可勝者攻也(가승자공야). 守則不足(수즉부족) 攻則有餘(공즉유여).

善守者(선수자) 藏於九地之下(장어구지지하) 善攻者(선공자) 動於九天之上(동어구천지상). 故能自保而全勝也(고능자보이전승야).

손자가 말하기를, 옛날에 싸움을 잘하는 자는, 먼저 적이 이기지 못하도록 태세를 갖추고, 적을 이길 수 있는 기회를 기다렸다. <u>이길 수 없음은 나에게 달려 있고, 이길 수 있음은 적에게 달려 있다.</u>[10] 그러므로 싸움을 잘하는 자는 능히 이기지 못하게 할 수는 있으나, 적으로 하여금 아군이 반드시 이기게 할 수는 없다.

그러므로 승리를 가히 알 수는 있으나, 그렇게 만들 수는 없다. 이길 수 없는 적이면 잘 지키고, 이길 수 있는 적이면 공격한다. 지키는 것은 곧 부족하기 때문이요, 공격함은 곧 여유가 있기 때문이다.

잘 지키는 자는 땅속 깊이 숨듯 하고, 공격을 잘하는 자는 하늘 위

---

10 사례 : 측천무후, 자신의 모든 것을 걸어 중국 역사상 유일한 여황제에 오르다

에서 움직이듯 한다. 그러므로 능히 스스로 보존하여 온전히 승리를 할 수 있다.

昔 옛날, 예	善戰者 싸움을 잘하는 자
先爲 먼저 만들다	待 기다리다
在 있다	使 하여금
餘 여유가 있다, 남다	藏 숨다, 감추다
於 ~에, ~에서	動 움직이다
保 지키다, 보존하다	軍形 군의 태세

사례

측천무후, 자신의 모든 것을 걸어
중국 역사상 유일한 여황제에 오르다

측천무후(624~705, 향년 81세)는 당나라 5대 황제(예종)에 이어 당을 주나라로 국호를 바꾸며 무주의 황제(690~705)로 즉위하였고, 당의 일부이기는 하나 당의 공식 황제로는 여기지 않는다. 그녀의 이름은 무조로 어려서부터 똑똑하고 용모가 출중했다. 당 태종(이세민)은 무조를 후궁으로 삼았고, 태자(이치)는 무조와 사랑에 빠졌다. 태종이 죽자 고종(이치)은 비구니가 된 무조를 궁으로 불러들였고, 그녀는 딸을 출산하였다. 그녀는 딸을 질식사시켜 황후에게 뒤집어 씌운 뒤 황후를 폐위시키고 황후 자리에 올랐다. 그리고 폐위된 황후와 태자를 숙청하고 그녀의 첫째아들(이홍, 4살)을 황태자에 오르게 했다. 더불어 반대파 공신들을 좌천이나 역모죄로 숙청시키고 남편 고종(33살)이 중풍으로 쓰러지자 실제 권력을 휘둘렀다. 그녀는 첫째아들(이홍, 24살)까지 독살시키고 둘째아들(이현)은 태자 5년 만에 반역자로 낙인찍혀 자결토록 했다. 고종(56세)이 죽자 셋째아들(이철)이 황제에 즉위하나 2개월 만에 폐위시켜 추방해 버렸다. 넷째아들(이단)을 껍데기 황제에 올려놓고 반대세력들은 수시로 제거하여 공포정치를 실시하였다. 전국적으로는 밀고를 장려하여 마음에 들면 관직을 내렸다. 설령 마음에 안 들더라도 처벌은 하지 않았다. 그래서인지 밀고가 차고 넘쳤다. 혹리라는 관직을 두어 잔인한 고문과 감금 등을 전담케 했으며,

백성들에게 자신의 신격화가 통하자 황제(넷째아들)를 폐위시키고 드디어 황제에 즉위(67세)하여 국호를 주나라로 바꿨다. 그녀는 신분에 관계 없이 인재를 발탁하여 국정 안정에 힘썼으며, 관리들에게는 신상필벌을 명확히 하였다. 그리하여 왕권은 안정되고 영토는 확장되어 동서 간에 활발한 문화교류 등으로 경제도 부흥하여 남편 고종 시기보다 인구가 거의 2배 증가되었다. 하지만 말년에는 젊은 남자들과의 성생활을 통해 불로장생를 꾀하는 등 국정 운영이 원활치 못해 민심이반으로 반란이 일어나 셋째아들(이철)에게 황제를 승계하고 비석에 글자를 새기지 말라(무자비, 백비)라고 유언하며 죽었다.

손자를 넘어 상위 1% 사상으로 올라서기

1. 내가 측천무후였다면 삶의 목표를 무엇으로 하고 어떻게 이루어 나갔을까?
2. 당시 자식들까지 죽였던 측천무후에 대해 어떻게 생각하는가?
3. (스스로에게) 관련 내용에 대해 다른 질문을 하고 대답해보세요.

見勝不過衆人之所知(견승불과중인지소지) 非善之善者也(비선지선자야). 戰勝而天下曰善(전승이천하왈선) 非善之善者也(비선지선자야). 故擧秋毫不爲多力(고거추호불위다력) 見日月不爲明目(견일월불위명목) 聞雷霆不爲聰耳(문뢰정불위총이). 古之所謂善戰者(고지소위선전자) 勝於易勝者也(승어이승자야).

故善戰者之勝也(고선전자지승야) 無智名(무지명) 無勇功(무용공). 故其戰勝不忒(고기전승불특) 不忒者(불특자) 其所措勝(기소조승) 勝已敗者也(승이패자야). 故善戰者(고선전자) 立於不敗之地(입어불패지지) 而不失敵之敗也(이불실적지패야). 是故(시고) 勝兵(승병) 先勝而後求戰(선승이후구전) 敗兵(패병) 先戰而後求勝(선전이후구승). 善用兵者(선용병자) 修道而保法(수도이보법). 故(고) 能爲勝敗之政(능위승패지정).

승리를 볼 때 많은 사람들이 아는 바에 불과함은, 최고 수준이 아니다. 전쟁에 이겨서 천하가 잘 싸웠다고 한다면, 이것도 최고 수준이 아니다. 고로 가을갈이하는 가는 털을 들었다고 힘이 세다고 하지 않으며, 해와 달을 본다고 눈이 밝다고 하지 않으며, 천둥소리를 듣는다고 귀가 밝다고 하지 않는다. 예로부터 소위 싸움을 잘하는 자는 이기기 쉬운 자에게 이긴 것이다.

그러므로 싸움을 잘하는 자의 승리에는, 지혜로운 이름도 없고, 용맹스러운 공도 없다. 그러므로 그 싸움의 승리는 어긋남이 없으니, 어굿남이 없는 것은, 그 조치하는 바가 이기는 조건을 만듦[11]이, 이미 패배한 자에게 이기는 것이기 때문이다. 그러므로 싸움을 잘하는 자는 불패의 위치에 서서, 적의 패할 기회를 놓치지 않는다. 이런 까닭에 승리하는 군대는 먼저 이겨놓고 싸움을 구하며, 패배하는 군대는 먼저 싸우고 나서 승리를 구한다. 용병을 잘하는 자는 도를 닦고 법을 보존한다. 그러므로 능히 승패의 정치를 잘한다.

見 보다, 소견	所 바, 장소
曰 말하다, 이르다	擧 들
秋 가을	毫 가는 털
多力 힘이 많다(세다)	明目 눈이 밝다
聞 듣다	雷 천둥, 우레
霆 천둥소리, 번개	聰 귀가 밝다, 듣다
易 쉽다, 바꾸다	智名 지혜로운 이름
勇功 용맹스런 공	忒 어긋나다, 변하다
措 들다, 두다	立 서다, 확고히 서다
失 놓치다, 잃다	求 구하다
修 닦다, 고치다, 다스리다	政 정사, 정치

---

11   사례 : 탄넨베르크 전투, 지휘관들의 불화로 장병 수십만 명을 죽이다

사례

탄넨베르크 전투,
지휘관들의 불화로 장병 수십만 명을 죽이다

　탄넨베르크 전투(1914년 8월 26~31일, 6일)는 제1차 세계대전 당시에 독일군과 러시아군이 벌인 전투이며, 독일군은 러시아군을 포위 섬멸하여 러시아군 사상자 12만 명, 포로 12만 5천 명의 피해를 발생시켜 러시아는 제1차 세계대전에서 이탈하였다.

　프랑스와 동맹국이었던 러시아는 독일을 동·서에서 동시에 공격하자고 하여 러시아 1군(레넨캄프)은 독일군을 동북방에서 견제하여 고착시키고, 러시아 2군(삼소노프)은 독일군 남방으로 우회하여 북상하기로 하였다. 그렇게 하여 독일군의 병참선을 차단하고 배후를 공격하기로 했다.

　하지만, 독일군은 항공정찰과 통신감청을 통해 러시아군의 상황과 작전을 알아내고 러시아 1군에는 최소의 병력인 1개의 기병사단만으로 견제하고, 그 외의 모든 병력(4개의 군단)은 러시아 2군에 집중하여 포위 섬멸하였다.

　러시아군의 사령관인 레넨캄프와 삼소노프는 서로 앙숙관계로 러·일전쟁 때 만주지역에서 삼소노프군이 일본군에게 대규모 사상자를 내며 고전하는 동안 레넨캄프군의 지원이 미흡하여 대패하게 된다. 이에 격분한 삼소노프는 레넨캄프에게 달려가 부하들 앞에서 진흙탕 속을 뒹굴며 싸웠다. 이후 둘의 관계는 원만하지 않았고, 탄넨베르크 전투에서도 레넨캄프군과 삼소노프군은 협동작전을 할 생각이 전혀 없음을 간파하고, 독일군은 이들의 관계를 작전에 적용하여 대성과를 달성하였다.

독일군의 지휘관과 참모들은 상대방 지휘관의 상태까지 파악하여 전투에 승리하기 위한 조건들을 만들었는데 그들의 우수성을 엿볼 수 있는 대목이었다.

손자를 넘어 상위 1% 사상으로 올라서기

1. 내가 러시아 황제(니콜라이 2세)였다면 사령관(레넨캄프, 삼소노프)에 대해 어떻게 평가하고 관리했을까?
2. 러시아 사령관들에 대한 군인의 자질에 대해 어떻게 생각하는가?
3. (스스로에게) 관련 내용에 대해 다른 질문을 하고 대답해보세요.

> 兵法(병법) 一曰度(일왈도) 二曰量(이왈량) 三曰數(삼왈수) 四曰稱(사왈칭) 五曰勝(오왈승). 地生度(지생도) 度生量(도생량) 量生數(양생수) 數生稱(수생칭) 稱生勝(칭생승).
>
> 故勝兵(고승병) 若以鎰稱銖(약이일칭수) 敗兵(패병) 若以銖稱鎰(약이수칭일). 勝者之戰(승자지전) 若決積水於千仞之谿者(약결적수어천인지계자) 形也(형야).

병법에서 첫째는 도(면적의 계측), 둘째는 양(자원의 양), 셋째는 수(군사의 수), 넷째는 칭(전력의 비교), 다섯째는 승(승리 예측)이다. 지형이 넓이를 좌우하고, 넓이가 자원량을 좌우하고, 자원량이 군사의 수를 좌우하고, 군사의 수가 전력 비교를 좌우하고, 전력 비교가 승리를 좌우한다. 그러므로 승리하는 군대는, 큰 것으로써 작은 것을 저울질하는 것과 같고, 패하는 군대는 작은 것으로써 큰 것을 저울질하는 것과 같다. 이기는 자의 싸움은, 마치 천 길 계곡 위에 막아둔 물을 터뜨리는 것과 같은 것[12]이니 형세(군대의 태세)이다.

度 국량(면적의 계측), 법도	量 양, 길이, 헤아리다
數 셈, 세다	稱 저울, 일컫다
若 같다	鎰 중량(= 24냥)
銖 무게단위(1/24냥)	決 터지다
積 쌓다	仞 길
谿 계곡	形 형세, 모양

---

[12] 사례 : 이스라엘, 인접한 국가들과의 전쟁(4차례)에서 모두 승리하다

> **사례**

이스라엘,
인접한 국가들과의 전쟁(4차례)에서 모두 승리하다

이스라엘은 상대국들로 둘러싸여 있는 지리적 위치에 있음에도 불구하고 4차례의 중동전쟁을 모두 승리하였다.

제1차 중동전쟁(1948)은 팔레스타인이 거주하던 땅에 이스라엘이 건국(1948)되자 중동국가들의 반발이 심했고, 이집트·요르단·시리아는 이스라엘을 침공하였지만 이스라엘의 승리로 오히려 팔레스타인 땅의 70%를 상실하였다.

제2차 중동전쟁(1956)은 이집트 낫세르가 쿠테타로 집권하고 영·프의 공동 소유였던 수에즈 운하 국유화를 선언하자, 이에 영·프 연합군은 공격에 나섰고, 소련은 이집트에 전차 등 많은 무기를 대여하였다. 영·프의 지원을 받은 이스라엘은 기습공격을 통해 이집트군을 격파하였고, 시나이 반도와 수에즈 운하를 점령하지만 미국과 소련 등 국제사회의 압력으로 이집트에게 다시 반환하였다.

제3차 중동전쟁(1967)은 이스라엘이 이집트·요르단·시리아를 상대로 선제공격을 실시하여 6일 만에 전쟁을 승리로 이끌며 추가로 골란고원 등 6배의 영토를 획득하였다. UN이 제시한 휴전안에 상호 동의하면서 전쟁은 종결되었다.

제4차 중동전쟁(1973)은 전쟁이 일어난 당일이 욤키푸르(유대교 속죄일)이었기 때문에 욤키푸르 전쟁이라고도 한다. 이집트와 시리아는 시나이 반도와 골란고원을 빼앗기 위해 기습공격하여 초기 우세를 유지하나 점차 이스라엘의 용의주도한 작전에 이집트 주력부대가 패배하게 되고, UN군이 긴급 파견되어 휴전협정에 조인하였다.

이스라엘이 4차례의 중동전에서 승리할 수 있었던 요인은 전 국민의 투철한 국가관, 실전적인 훈련, 상황에 맞는 전략전술 운용, 미국·영국·프랑스 등과의 절대적 외교관계, 유비무환의 대비태세 유지 등 평소에 승리의 태세를 갖춘 덕분이다.

손자를 넘어 상위 1% 사상으로 올라서기

1. 중동국가(이집트, 레바논, 시리아, 요르단)의 수장이었다면 어떻게 전쟁했을까?
2. 이스라엘은 중동국가와의 대치 상태에서 어떻게 준비해야만 할까?
3. (스스로에게) 관련 내용에 대해 다른 질문을 하고 대답해보세요.

第五

兵勢篇
(병세편)

孫子曰(손자왈) 凡治衆如治寡(범치중여치과) 分數是也(분수시야). 鬪衆如鬪寡(투중여투과) 形名是也(형명시야). 三軍之衆(삼군지중) 可使必受敵而無敗者(가사필수적이무패자) 奇正是也(기정시야).

兵之所加(병지소가) 如以碬投卵者(여이하투란자) 虛實是也(허실시야). 凡戰者(범전자) 以正合(이정합) 以奇勝(이기승). 故善出奇者(고선출기자) 無窮如天地(무궁여천지) 不竭如江海(불갈여강해).

終而復始(종이복시) 日月是也(일월시야). 死而復生(사이복생) 四時是也(사시시야).

손자가 말하기를, 무릇 많은 무리를 다스림이 소수의 사람을 다스림과 같이 할 수 있는 것은, 부대편성 덕분이다. 많은 무리를 싸우게 함이 소수의 사람을 싸우게 함과 같이 할 수 있는 것은, 지휘통제 수단 덕분이다. 삼군의 무리로, 반드시 적을 맞아 패함이 없게 하는 것은, 기정(奇正) 활용의 덕분이다.

군사를 투입하는 바가, 마치 숫돌로 알을 치듯이 하는 것은, 허실 활용의 덕분이다. <u>무릇 싸움은 정(正)으로써 대하고, 기(奇)로써 이긴다.</u>[13] 그러므로 기를 잘 쓰는 자는, 천지와 같이 막힘이 없고, 강이나 바다와 같이 마르지 않는 것이다.

---

13 사례 : 대한민국 저력, 일제강점기와 6.25전쟁 등을 단숨에 이겨내다

끝나는가 하면 다시 시작되는 것은, 해와 달과 같다. 죽었는가 하면 다시 살아나는 것은 사계절과 같다.

兵勢 부대의 기세	治 다스리다
寡 적다	分數 부대편성
鬪 싸우다, 다투다	形名 지휘통제 수단
受 얻다, 받아들이다	奇 기이하다, 뛰어나다
正 바르다, 옳은 길	加 더하다
如 같다, 같게 하다	碬 숫돌
投 치다, 던지다	卵 알
虛 허점, 준비가 없다	實 실질, 가득 차다
合 만나다, 합하다	出 나가다, 내다
窮 끝나다, 어려움을 겪다	竭 물이 마르다, 다하다
終 끝, 끝나다	復 다시, 돌아오다
始 시작하다, 처음	四時 사계절

사례

대한민국 저력,
일제강점기와 6.25전쟁 등을 단숨에 이겨내다

일제강점기와 6.25전쟁 등으로 황폐해진 대한민국이 헌법을 제정·공포(1948)한 지 80년도 안 지났지만, 세계 평가기관들이 발표한 지표들을 보면 대한민국은 강대국과 어깨를 나란히 하고 있다.

세계 국력 랭킹 조사(2022, 글로벌 마케팅 기업과 와튼스쿨)에서 각국의 군사력, 경제력, 외교 및 정치적 영향력 등을 기준으로 평가하였는데, 미국·중국·러시아·독일·영국 순이었으며, 다음 6위가 한국이었다. 프랑스는 7위, 일본은 8위를 차지하였다.

군사력 순위(2023)에서는 인구, 장비, 재정, 사회기반, 자원, 지리를 기준으로 평가한 결과 미국·러시아·중국·인도·영국·대한민국 순으로 6위를 차지했다.

6.25전쟁을 지휘했던 미국의 맥아더 장군은 100년이 지나야 대한민국의 경제가 제 모습을 찾을 것이라고 안타까워했다. 하지만 지도자에서부터 국민들까지 한마음이 되어 고통을 감내하며 전진하였고, 양질의 노동력을 바탕으로 수출주도형 성장전략을 통해 한강의 기적을 일궈냈다. 성공한 나라의 경험을 토대로 실패를 최소화했고, 빠른 속도와 뚝심으로 반도체·자동차·철강·조선·화학 등에서 오늘날 주력산업으로 우뚝 서게 되었다. 하지만 이러한 초고속의 성장에서 나타난 해결해야 할 과제들, 정치적 분열·지역갈등·세대갈등·빈부격차

· 인구감소 등 산적해 있지만, 지금까지 보여준 대한민국의 저력이라면 충분히 해결할 것이다.

대한민국이 갖고 있는 DNA는 필요 시 지도층에서부터 국민들까지 일치단결하여 의사를 충분히 소통하고 나아갈 때는 과감하게 전진하고, 상호 배려와 존중을 통해 지속적인 번영을 추구하게 할 것이다.

손자를 넘어 상위 1% 사상으로 올라서기

1. 대한민국 리더였다면 정치분열 등 갈등과제들이 무엇이 있다고 생각하는가?
2. 생각했던 갈등과제에 대해 과제별로 해결방안은 무엇인가?
3. (스스로에게) 관련 내용에 대해 다른 질문을 하고 대답해보세요.

> 聲不過五(성불과오) 五聲之變(오성지변) 不可勝聽也(불가승청야). 色不過五(색불과오) 五色之變(오색지변) 不可勝觀也(불가승관야). 味不過五(미불과오) 五味之變(오미지변) 不可勝嘗也(불가승상야). 戰勢不過奇正(전세불과기정) 奇勢之變(기세지변) 不可勝窮也(불가승궁야). 奇正相生(기정상생) 如循環之無端(여순환지무단) 孰能窮之哉(숙능궁지재).
>
> 激水之疾(격수지질) 至於漂石者(지어표석자) 勢也(세야). 鷙鳥之疾(지조지질) 至於毀折者(지어훼절자) 節也(절야). 是故(시고) 善戰者(선전자) 其勢險(기세험) 其節短(기절단). 勢如擴弩(세여확노) 節如發機(절여발기). 紛紛紜紜(분분운운) 鬪亂而不可亂(투란이불가란). 渾渾沌沌(혼혼돈돈) 形圓而不可敗(형원이불가패).

소리는 다섯(궁·상·각·처·우)에 지나지 않으나, 그 변화는 다 들을 수가 없다. 색은 다섯(적·청·황·백·흑)에 지나지 않으나, 그 변화는 다 볼 수가 없다. 맛은 다섯(감·산·함·신·고)에 지나지 않으나, 그 변화는 다 맛볼 수가 없다. 전세는 기와 정에 지나지 않으나, 기정의 변화(운용법)를 다 헤아릴 수 없다. 기정이 상생하는 것은 마치 끝이 없는 고리와 같으니, 누가 능히 이를 다 헤아릴 수 있겠는가?[14]

거세게 흐르는 물이, 돌을 떠내려가게 하니 이것이 세이다. 사나운

---

14 사례 : 조선은 임진왜란을 무시하여 300여 년 동안 허송세월하다 멸망하다

새의 빠른 습격이, 먹이의 뼈를 꺾어버리듯 하니, 이것이 절이다. 이런 이치로, 싸움을 잘하는 자는, 그 기세가 험하고, 그 절은 짧다. 세는 당겨진 활과 같고, 절은 그 활을 쏘는 것과 같다. 어지럽게 엉클어져, 혼란스럽게 싸우지만 혼란스럽게 만들지 못하며, 뒤섞어 혼란스러워, 동그란 진형이 되어도 패배시키지 못한다.

聲 소리	過 지나다
變 변화, 변하다	聽 듣다
勝聽 들을 수 있다	觀 보다
味 맛	嘗 맛보다
循 돌다, 쫓다	環 고리
端 끝	孰 누가
哉 어조사	激 물결이 부딪쳐 흐르다
疾 버릇, 병	漂 물결에 떠서 흐르다
鷙 맹금	鳥 새
擊 부딪치다	毁 상처를 입히다
折 꺾다	毁折 부딪쳐 꺾임
節 절개, 규칙, 마디	險 험하다
短 짧다	擴 넓히다
弩 활	發 쏘다
機 기계	紛 어지러워지다
紜 어지럽다	渾 흐리다
沌 어둡다, 어리석다	

사례

조선은 임진왜란을 무시하여 300여 년 동안 허송세월하다 멸망하다

임진왜란(1592~1598)은 선조(조선 14대왕) 때에 왜군이 침략하여 벌인 전쟁으로 인구와 경작지가 3분의 1로 줄어들 정도로 전 국토는 황폐화되었다. 많은 사람들이 강제로 일본으로 끌려갔으며, 유럽에 노예로 팔려가기도 했다. 백성들은 완전히 피폐해져 먹고사는 것 자체가 고통이었다. 하지만, 선조는 왜란 시에 파천으로 백성들에게 신망을 잃었고, 광해군이 분조 활동을 훌륭하게 펼쳐 명성이 높아지자 백성들이 자신을 몰아내고 광해군을 옹립할까 노심초사하였다. 그래서 왕위를 내려놓겠다는 선위 파동을 자주 실시하여 불충하게 보이는 자들을 탄압하였다. 왜란 이후에 혼란을 시급히 수습하고 국정을 안정시켜야 했으나 조선의 국정은 분열되고 혼란스러웠다. 선조 이후의 조선 왕들(13명)도 왜란의 참혹함 등을 상기시키며 재발 방지를 위한 철저한 대비를 해야 했지만 붕당정치에 매몰되어 국가와 백성은 안중에도 없었다. 조선의 양반은 관리가 되어 무위도식하고, 붕당을 이용해 사리사욕을 챙기는 경우가 다반사였고, 반면에 백성들은 세금으로 허덕였다. 조선의 인재들은 입신출세에만 정신이 팔려 주변국들의 선진화된 제도나 기술 등을 소홀히 하고, 국가의 변화와 개혁에는 뒷전이었다. 집권세력들은 백성의 혈세로 배를 불렸고, 국력을 탕진하며 세상과는 담을 쌓았다. 조선 말기 민씨 세력들은 부패와 사치, 매관매직의 중심에 있었다. 이들은 외세들이 밀려올 때 조선으로써는 대재앙이나 마찬가지였지만 자신들의 권력과 안전에만 몰두하는 등 매우 아쉬운 측면이 있다. 조선은 청나라, 러시아, 일본에 의해서가 아닌 그들 스스로 멸망한 것이다.

　국가나 조직에서 리더(장수)의 자질은 그 국가나 조직을 좌우한다. 그러한 리더가 탄생하기 위해서는 구성원들의 수준도 매우 중요한 것이다. 수준 높은 상하가 합치되어 나아갈 때 무엇이 두렵겠는가? 오직 번영과 영화만이 함께 할 것이다.

손자를 넘어 상위 1% 사상으로 올라서기

1. 내가 임진왜란을 겪었던 선조였다면 왜란 이후 무엇을 조치했을까?
2. 조선의 신하였다면 선조에게 무엇을 건의하여 조선을 발전시켰을까?
3. (스스로에게) 관련 내용에 대해 다른 질문을 하고 대답해보세요.

亂生於治(난생어치) 怯生於勇(겁생어용) 弱生於强(약생어강). 治亂數也(치란수야). 勇怯勢也(용겁세야). 强弱形也(강약형야).

故善動敵者(고선동적자) 形之敵必從之(형지적필종지). 予之敵必取之(여지적필취지). 以利動之(이리동지) 以卒待之(이졸대지). 故善戰者(고선전자) 求之於勢(구지어세) 不責之於人(불책지어인).

故能擇人而任勢(고능택인이임세). 任勢者(임세자) 其戰人也(기전인야) 如轉木石(여전목석). 木石之性(목석지성) 安則靜(안즉정) 危則動(위즉동) 方則止(방즉지) 圓則行(원즉행). 故善戰人之勢(고선전인지세) 如轉圓石於千仞之山者勢也(여전원석어천인지산자세야).

어지럽게 보이는 것은 다스려짐에서 나오고, 겁먹는 것처럼 보이는 것은 용기 속에서 나오고, 약하게 보이는 것은 강함에서 나온다. 질서와 혼란은 수(分數, 부대편성)의 문제이다. 용기와 겁 많음은 세의 문제이다. 강하고 약함은 형(부대의 태세)의 문제이다.

그러므로 적을 잘 조정하는 자가, 자신의 형태를 적에게 보여주면 적이 반드시 따른다. 무엇을 주면 적이 반드시 취하려고 한다. 이익을 주어서 움직이게 하고, 정예군사로 이를 기다린다. 그러므로 싸움을 잘하는 자는 승리를 세에서 구하고, 사람에게서 구하지 않는다.

그러므로 능히 사람을 잘 택하여 세를 만들게 한다.[15] 세를 만든다는 것은, 사람들을 싸우게 함에, 목석을 굴리는 것과 같은 것이다. 목석의 성질은, 안정된 데 두면 고요하고, 가파른 데 두면 움직이며, 모나면 정지하고, 둥글면 굴러간다. 그러므로 잘 싸우게 하는 자의 세는, 마치 둥근 돌을 천 길 산에서 굴려 내리는 것과 같으니 이것이 세이다.

亂 어지럽다	怯 겁, 겁내다
動 움직이다	從 따르다
予 주다	取 취하다
責 바라다, 꾸짖다, 책임	擇 고르다, 택하다
任 맡기다	轉 구르다
性 성질	靜 고요하다
危 위	方 모, 각
止 정지하다	圓 둥글다, 동그라미

15　사례 : 이스라엘, 멸망하였으나 2천여 년이 지나서 재건국하다

사례

이스라엘,
멸망하였으나 2천여 년이 지나서 재건국하다

　이스라엘은 로마에 의해 멸망(AD 70)되어 유대인들은 세계 각지로 흩어져 살았다. 그리고 약 2천여 년이 지난 1948년에 이스라엘은 재건국되었다. 나라 없는 설움 속에서도 민족의 정체성을 지키며 세계를 리드하고 있는 이스라엘 저력의 원인은 단연코 개인 이익보다 국가 이익을 우선시하는 국가관을 들 수 있다. 국가의 위험이나 위협에는 개인의 사적인 감정을 배제하는 국민성이 뿌리 깊게 내려져 있다.

　다음으로는 유대교를 중심으로 한 화합과 단결이다. 유대인들은 세계 어느 지역에서 살더라도 유대교를 통해 하나의 믿음과 신념을 갖게된 것이다. 기도를 통해 신념화되고 자신들의 삶을 성찰하며, 보다 논리적으로 직면하는 문제들을 슬기롭게 해결해 나간다. 충분한 사고는 상대를 철저히 분석하고 파악하게 하여 실수를 최소화시키고 승리로 이끌게 한다. 반드시 생존해야만 하는 절실함과 간절함이 도전정신을 낳고, 치밀한 실행으로 승리의 확률을 높였던 것이다.

　끝으로 유대인의 정신을 계승하기 위해 성인들에 의한 철저한 자식교육이다. 자식에 대해 집착보다는 하나의 인격체로 대하며 오래 참아주고 기다려주는 자기주도학습이 일반화되어 있다. 스승이나 부모 등과도 격의 없는 질문과 토론을 통해 생각을 넓히고 깊은 사고를 하도록 한다. 유대인들은 독서량이 많고 죽는 날까지 공부하는 습관이 있다고 한다. 여러분들은 1년에 얼마큼 책을 읽었는지 돌아보기 바란다.

그래서인지 유대인들은 전 세계 인구의 약 0.28%밖에 안 되지만 세계 최고의 억만장자들이 많고, 역대 노벨상 수상자도 제일 많이 배출하였다. 조그마한 면적인 나라에서 2023년 초에 7천여 개의 스타트업이 성행하고 있는 이유인 것이다.

유대인들에게 가장 큰 자산은 유대인이다. 가정에서부터 자식에 대한 교육을 철두철미하게 하여 위대한 유대인으로 성장시켜 나가고 있다. 이러한 유대인 한 명 한 명이 이스라엘을 지탱하고 있는 힘의 원천인 것이다.

손자를 넘어 상위 1% 사상으로 올라서기

1. 내가 이스라엘 유대인들보다 더 잘하고 있는 것들은 무엇인가?
2. 내 가정(회사)이 2천여 년 흘러도 번성하려면 무엇을 해야 하는가?
3. (스스로에게) 관련 내용에 대해 다른 질문을 하고 대답해보세요.

第六

虛實篇
(허실편)

孫子曰(손자왈) 凡先處戰地(범선처전지) 而待敵者佚(이대적자일). 後處戰地(후처전지) 而趨戰者勞(이추전자로). 故善戰者(고선전자) 致人而不致於人(치인이불치어인). 能使敵人自至者(능사적인자지자) 利之也(리지야). 能使敵人不得至者(능사적인부득지자) 害之也(해지야). 故敵佚能勞之(고적일능로지) 飽能飢之(포능기지) 安能動之(안능동지). 出其所必趨(출기소필추) 趨其所不意(추기소불의). 行千里而不勞者(행천리이부로자) 行於無人之地也(행어무인지지야). 攻而必取者(공이필취자) 攻其所不守也(공기소불수야). 守而必固者(수이필고자) 守其所不攻也(수기소불공야).

故善攻者(고선공자) 敵不知其所守(적부지기소수). 善守者(선수자) 敵不知其所攻(적부지기소공). 微乎微乎(미호미호) 至於無形(지어무형) 神乎神乎(신호신호) 至於無聲(지어무성). 故能爲敵之司命(고능위적지사명).

손자가 말하기를, 무릇 먼저 싸움터에 위치하여, 적을 기다리는 자는 편안하다. 뒤늦게 싸움터에 도착하여, 싸움에 끌려다니는 자는 힘들다. 그러므로 싸움을 잘하는 자는, 적을 이끌되 적에게 이끌리지 않는다. 능히 적으로 하여금 스스로 오게 하려면, 이로움이 있다는 것을 보여주고, 능히 적이 오지 못하게 하려면 해로움이 있다는 것을 보여준다. 그러므로 적이 편안하면 능히 적을 피로하게 하고, 배부르면 적을 굶주리게 하고, 움직이지 않으면 적을 움직이게 한다. 이는 내가 나아가되 적이 반드시 따라야만 하는 곳으로 가고, 적이 뜻하지 않는 곳으로 달려가기 때문이다. 천 리를 가도 피로하지 않는 것은, 사람이 없는 곳으로 가기 때문이다. 공격하면 반드시 취함은, 지키지 않는 곳을 공격하기 때문이다. 지키면 반드시 견고한 것은, 공격하지 못하는 곳을 지키기 때문이다.

그러므로 공격을 잘하는 자는, 적이 지켜야 할 곳을 모르게 하고, 수비를 잘하는 자는 적이 공격해야 할 곳을 모르게 한다. <u>미묘하고 미묘하다. 무형의 경지에 이르고, 신비하고 신비하도다.</u>[16] 무성의 경지에 이른다. 그러므로 능히 적의 생사를 좌우할 수 있다.

虛實 허한 곳, 실한 곳	處 위치하고 있다, 살다
佚 편안하다, 실수	待 기다리다
趨 달리다	勞 피로하다, 일하다
致 끌어들이다, 보내다	至 이르다, 닿다
害 해로움, 손해	飽 배부르다
飢 굶주리다	固 견고하다, 단단하다
微 많지 않다, 작다	乎 ~구나, ~로다, ~인가
神 귀신, 불가사의한 것	聲 소리
司 맡다, 벼슬	命 목숨, 명령을 내리다

---

16 사례 : 아테네와 스파르타, 교육의 중요성을 되새기다

사례

아테네와 스파르타,
교육의 중요성을 되새기다

아테네와 스파르타는 그리스의 패권을 위해 격렬히 경쟁했다. 두 국가는 패권을 차지하기 위한 가장 두드러진 특징으로 교육을 들 수 있다. 아테네 교육은 개성을 중시하고 인문 중심의 자유주의 교육이며, 선한 인간 양성을 목적으로 체육, 음악, 문자 등을 가르쳤다. 또한 체험과 관찰학습 등 개성 중심의 자유로운 교육을 실시하였다. 여성 교육은 소극적으로 정숙과 덕행을 강조하였다. 반면에 스파르타 교육은 군국주의적 통제교육으로 용감한 군인 양성을 목적으로 하였고, 체육 중심의 군사교육, 음악, 문자 등을 가르쳤다. 국가 주도하에 엄격한 군사훈련을 실시하였다. 여성 교육은 아테네보다 훨씬 적극적으로 출산과 양육교육, 노예 다스리는 법, 군사교육 등을 실시하였다.

스파르타와 아테네는 그리스 패권을 놓고 펠레폰네소스 전쟁(BC 431~404)을 장시간 치렀고, 스파르타가 승리하였다. 스파르타는 제국을 형성했지만 이를 유지하기 위해서는 수천 명의 시민으로는 어림도 없었다. 따라서 대군이 필요했고, 식민지에서 무리하게 상납받아 강한 경제력으로 이를 해결하고자 했다. 소모된 전쟁비용을 동맹관계에 있던 폴리스(도시국가)들에게 부담시키고, 그들을 무시하고 차별하자 제국 구성원들의 불만은 커져갔다. 스파르타 내부에서도 계층 간 빈부격차로 분열되어 갔다. 아테네는 1년여 만에 민주정을 복구하였고, 페르시아와 아테네 동맹을 통해 스파르타와 전쟁을 하였다. 스파르타는 지상전에서는 우위를 점했지만 해상전에서 완패를 당하고 제해권을 완전히 상실하였다. 이후에 계속되는 전쟁에서 패하면서 스파르타는 패권을 상실하였다. 눈앞에 보이는 강한 힘만을 믿고 자만하거나 오판해서는 안 된다. 스파르타는 몇 차례 전쟁에서는 승리했지만 이후 패배하면서 역사에서 사라졌다.

손자를 넘어 상위 1% 사상으로 올라서기

1. 내가 스파르타 왕이었다면 교육의 목적과 방법을 어떻게 하였을까?
2. 내가 아테네 왕이었다면 교육의 목적과 방법을 어떻게 하였을까?
3. (스스로에게) 관련 내용에 대해 다른 질문을 하고 대답해보세요.

進而不可禦者(진이불가어자) 衝其虛也(충기허야). 退而不可追者(퇴이불가추자) 速而不可及也(속이불가급야). 故我欲戰(고아욕전) 敵雖高壘深溝(적수고루심구) 不得不與我戰者(부득불여아전자) 攻其所必救也(공기소필구야). 我不欲戰(아불욕전) 雖劃地而守之(수획지이수지) 敵不得與我戰者(적부득여아전자) 乖其所之也(괴기소지야). 故形人而我無形(고형인이아무형) 則我專而敵分(즉아전이적분). 我專爲一(아전위일) 敵分爲十(적분위십) 是以十攻其一也(시이십공기일야). 則我衆敵寡(즉아중적과). 能以衆擊寡(능이중격과) 則吾之所與戰者約矣(즉오지소여전자약의). 吾所與戰之地不可知(오소여전지지불가지) 不可知(불가지) 則敵所備者多(즉적소비자다). 敵所備者多(적소비자다) 則吾所與戰者寡矣(즉오소여전자과의).

故備前則後寡(고비전즉후과) 備後則前寡(비후즉전과) 備左則右寡(비좌즉우과) 備右則左寡(비우즉좌과). 無所不備(무소불비) 則無所不寡(즉무소불과). 寡者(과자) 備人者也(비인자야). 衆者(중자) 使人備己者也(사인비기자야).

나아가되 적이 막지 못함은, 그 헛점을 치기 때문이다. 물러가되 적이 쫓아오지 못함은 빨라서 적이 따라오지 못하기 때문이다. 그러므로 내가 싸우고자 하면, 적이 비록 성루를 높게 하고 참호를 깊게 파더라도, 나와서 싸울 수밖에 없음은, 반드시 구해야 하는 곳을 공격하기 때문이다. 내가 싸움을 바라지 않으면, 비록 땅에 선만 긋고 지켜도, 적이 싸움을 걸지 못함은, 기도하는 바를 어그러뜨리기 때문이다. 그러므로 적의 형태는 드러나게 하고 나의 형태는 드러나지 않게 하면, 나는 뭉치고 적은 분산한다. 나는 하나로 뭉치고, 적은 열로 나누어지면, 나의 열로써 적의 하나를 공격하게 된다.[17] 즉 나는 많아지게 되고 적은 적어지게 된다. 능히 많은 수로써 적은 수를 치면, 내가 더불어 싸우는 자는 간단해진다. 내가 싸우려 하는 곳을, 알지 못하게 하고, 적이 그것을 알지 못하면 적이 대비해야 할 곳이 많아진다. 적이 대비할 곳이 많아지면, 내가 상대해야 할 적의 수는 적어질 것이다.

그러므로 앞을 대비하면 뒤가 부족하고, 뒤를 대비하면 앞이 부족하며, 좌측을 대비하면 우측이 부족하고, 우측을 대비하면 좌측이 부족하다. 대비하지 않는 곳이 없으면, 부족하지 않은 곳이 없게 된다. 병력이 적다는 것은 적을 대비하기 때문이다. 병력이 많다는 것은 적으로 하여금 나를 대비하게 하기 때문이다.

禦 막다, 방어	衝 치다, 찌르다
追 쫓다	及 미치다, 이르다
雖 비록	壘 진, 성채
深 깊다	溝 참호, 봇도랑
劃 긋다, 쪼개다	乖 어그러지다
專 뭉치다, 집중하다	分 분산하다, 나누다
寡 적다	約 간략하다, 묶다, 약속
備 대비하다, 갖추다	

---

17 사례 : 진주대첩, 조선군은 10배나 되는 일본군을 대파하다

사례

진주대첩,
조선군은 10배나 되는 일본군을 대파하다

진주대첩(1592년 10월)은 임진왜란 3대 대첩 중 하나로 김시민 장군 등이 진주성 전투에서 왜군과 싸워 대승함으로써 왜군의 호남 지역 진출과 육로 보급로를 차단하였다. 왜군은 진주성을 함락하여 전라도 침입의 교두보로 삼고자 하여 약 10여 배의 병력을 투입하여 진주성을 완전히 포위하였다. 조선군 3,800여 명에 비해 왜군은 3만여 명이나 되었고, 이 전투에서 왜군은 약 1만 1천여 명이나 죽었다.

진주성 김시민 장군은 "우리는 포위되어 모든 것을 쏟아 싸워 이기지 못하면 모두 죽는다."며 전의를 다졌다. 조선군은 대포를 쏘아가며 마른 갈대에 화약을 싸서 던지거나 끓는 물과 돌을 던져 대항하였다. 또한 경상·전라·충청 등 전국 각지에서 몰려온 의병들과 연계하여 왜군들을 밤낮으로 급습하고 빠지는 게릴라 전투도 펼쳤다. 이에 왜군은 공격부대를 다수의 소부대로 나누어 진주성 외곽에 있는 조선 의병들을 공격하였다. 이러한 왜군의 병력 분산은 의병들에게 각개격파 당하면서 왜군의 전력은 크게 악화되어 무너져 내렸다. 진주성 전투에서 조선군의 무기는 창과 활, 승자총통(조총 대응), 대형화포인 현자총통, 독창적인 시한폭탄인 비격진천뢰 등으로 이를 효과적으로 사용하여 왜군의 공격을 막아냈다. 반면에 왜군은 활, 칼, 사다리, 조총, 성문돌파용 귀갑차 등을 사용하였다. 진주성 전투는 열 배에 가까운 적을 상대로 거둔 조선군의 위대한 승리였다. 조선군은 열세였지만 전투 준비에서부터 철저하였고, 왜군은 우세였으나 승리에 대한 자만, 상대에 대한 분석 부족 등 전술에서 실패하여 패배하였다. 하지만, 왜군은 재차 진주성 전투(1593년 6월)에서는 승리하여 성 안에 있던 수많은 사람들을 불태워 죽이는 잔혹함을 보였다.

상대와 대치할 경우 자만과 멸시는 치명적인 결과를 초래하게 된다. 부족하다고 판단되는 상대는 생존을 위해 젖먹던 힘(정신, 전략)까지 끌어내기 때문이다.

손자를 넘어 상위 1% 사상으로 올라서기

1. 내가 왜장(나가오카 타다오키)이었다면 진주성 전투를 어떻게 지휘했을까?
2. 내가 진주성 장수였다면 왜군이 재차 진주성을 공격했을 때 어떻게 대비하고 싸웠을까?
3. (스스로에게) 관련 내용에 대해 다른 질문을 하고 대답해보세요.

故知戰之地(고지전지지) 知戰之日(지전지일) 則可千里而會戰(즉가천리이회전). 不知戰地(부지전지) 不知戰日(부지전일) 則左不能救右(즉좌불능구우) 右不能救左(우불능구좌) 前不能救後(전불능구후) 後不能救前(후불능구전). 而況遠者數十里(이황원자수십리) 近者數里乎(근자수리호). 以吾度之(이오탁지) 越人之兵雖多(월인지병수다) 亦奚益於勝哉(역해익어승재).

故曰(고왈) 勝可爲也(승가위야). 敵雖衆(적수중) 可使無鬪(가사무투). 故(고) 策之而知得失之計(책지이지득실지계) 作之而知動靜之理(작지이지동정지리) 形之而知死生之地(형지이지사생지지) 角之而知有餘不足之處(각지이지유여부족지처).

그러므로 싸울 장소, 싸울 날을 알면, 가히 천 리에서라도 싸움을 치를 수 있을 것이다. 싸울 장소를 모르고, 싸울 날을 알지 못하면, 좌군이 우군을 구하지 못하고, 우군이 좌군을 구하지 못하고, 전위가 후위를 구하지 못하고, 후위가 전위를 구하지 못할 것이다. 하물며 멀리 있는 경우에는 수십 리가 되고, 가까워도 수리가 떨어져 있으면 어떻게 하겠는가. 이렇게 헤아려 보건대, 월나라 병사가 비록 많다 하더라도, 또한 어찌 승리에 더 유리하다 하겠는가.

그러므로 말하기를, 승리는 만들 수 있는 것이다. 적이 비록 많다 하더라도, 싸울 수 없게 할 수 있다. 그러므로 <u>계책을 써서 득실의 계획을 파악하고, 적을 움직이게 해서 적 동정의 이치를 파악하며, 적의 형</u>

태를 나타내게 하여[18] 그들의 사지와 생지를 알아내며, 적과 부딪쳐서 적의 여유 있는 곳과 부족한 곳을 알아낸다.

地 땅, 장소	日 날, 해
會 모이다, 치르다	左 좌, 왼쪽
右 우, 오른쪽	前 앞, 나아가다
後 뒤, 늦다	況 하물며, 이에
數 셈, 세다	里 리(거리단위, 1리 = 0.4km)
度 법도 도, 헤아릴 탁	越 월나라, 넘다, 건너다
雖 비록	亦 또
奚 어찌	益 유익하다, 더하다
哉 어조사	策 채찍질하다, 계책, 책문
作 일으키다, 짓다	理 이치
形 형태, 모양	角 직선이 만나는 곳, 뿔
餘 여유가 있다, 남다	

---

18   사례 : 진시황제, 최초로 중국을 통일하지만 가장 짧은 왕조로 사라지게 하다

사례

진시황제, 최초로 중국을 통일하지만 가장 짧은 왕조로 사라지게 하다

진시황제(BC 259~210, 재위 11년, 향년 49세)는 중국을 최초로 통일하여 진(秦)의 초대황제이지만 진나라를 15년 만에 멸망시키는 장본인이다. 그가 죽은 후에 진나라는 3년 만에 멸망하는데 2대 황제(호해)는 환관(조고)에 의해 시해되고, 3대 왕(자영)은 조고에 의해 옹립되지만 조고를 처단하고 한나라(유방)에 항복함으로써 진나라는 사라진다.

진시황제는 강력한 중앙집권정책을 실시하여 법령을 정비하고 전국적으로 군현제를 실시하였으며, 화폐 통일, 도로망 건설 등을 추진하였다. 또한 민간의 무기 소지를 금하여 반란의 소지를 제거하였고, 흉노족 침입을 대비하고자 만리장성을 건설하였다. 군현제의 경우 지방 행정제도로 전 지역에 현을 설치하고 중앙으로부터 관리를 파견하여 세금 추징 등 현을 지배하였다. 이러한 지방통치 개념은 청나라까지 거의 2천 년 동안 존속하였다. 또한 사상의 통일을 위해 분서갱유(책을 불태우고 학자를 생매장한 일)를 단행하여 사적으로 정치를 비판하는 일체의 행동을 봉쇄하고, 진기 이외의 사서는 모두 불태웠으며, 옛 것을 들먹이며 현실 정치를 비방한 유생 460여 명을 구덩이에 생매장시켰다. 또한 아방궁 건설 등 대규모 토목공사에 국력을 낭비하였고, 말년에 불로장생을 구하는 등 가혹한 법치를 내세운 통치수단은 융통성이란 전혀 없는 감옥과 같은 국가로 변질되어 백성의 고통을 가중시

컸다. 더불어 황제를 가까이서 내조할 수 있는 환관 조고 같은 간신들이 막강한 권력을 자랑했다. 조고는 진시황제 유서를 조작해 자신 말을 잘 들은 호해를 황제 자리에 앉혔다. 진나라는 기강도 사라지며 걷잡을 수 없이 무너져 내리며 멸망하여 중국 역사에서 가장 짧은 왕조가 되었다.

진시황제가 주변인을 관리하며 인재를 잘 등용하고 활용했다면 진나라는 중국을 통일한 최초의 왕조로써 오랫동안 역사에 자취를 남겼을 것이다.

손자를 넘어 상위 1% 사상으로 올라서기

1. 내가 진시황제였다면 진나라를 어떻게 통치했을까?
2. 현재 조직의 리더라면 환관(조고) 같은 인물을 어떻게 알아볼 수 있을까?
3. (스스로에게) 관련 내용에 대해 다른 질문을 하고 대답해보세요.

形兵之極(형병지극) 至於無形(지어무형). 無形(무형) 則深間不能窺(즉심간불능규) 智者不能謀(지자불능모). 因形而措勝於衆(인형이조승어중) 不衆能知(부중능지). 人皆知我所以勝之形(인개지아소이승지형) 而莫知吾所以制勝之形(이막지오소이제승지형). 故(고) 其戰勝不復(기전승불복) 而應形於無窮(이응형어무궁).

夫兵形象水(부병형상수). 水之形(수지형) 避高而趨下(피고이추하). 兵之形(병지형) 避實而擊虛(피실이격허). 水因地而制流(수인지이제류) 兵因敵而制勝(병인적이제승).

故(고) 兵無常勢(병무상세) 水無常形(수무상형). 能因敵變化而取勝者(능인적변화이취승자) 謂之神(위지신). 故(고) 五行無常勝(오행무상승) 四時無常位(사시무상위) 日有短長(일유단장) 月有死生(월유사생).

군대 형태의 끝은, 어떤 형태가 없는 것에 이르게 하는 것이다. 형태가 없다면, 깊이 잠입한 간첩도 엿볼 수 없고, 지혜 있는 자도 능히 계책을 쓸 수가 없다. <u>적의 형태에 따라 사람들 앞에서 승리를 조성해도 사람들은 알지 못한다. 사람들 모두 내가 승리한 겉모양은 알 수 있지만, 내가 승리를 만든 형태는 알지 못한다.</u>[19] 그러므로, 싸워 승리하는 방법은 다시 사용하지 않고, 적과 나의 형태에 따라 끝없이 응용

---

19   사례 : 로마제국, 1,500여 년을 이어온 비결은 있다

해 나가는 것이다.

　무릇 군대 형태는 물의 모양과 닮았다. 물의 형태는, 높은 곳을 피해 낮은 곳으로 나아간다. 군대의 운용은, 적의 실한 곳을 피해 허한 곳을 친다. 물은 땅의 형태에 따라 흐름을 만들어가며, 군대는 적의 형태에 따라 승리를 만들어 나간다.

　그러므로, 군대는 일정한 형세가 없고, 물에도 일정한 형태가 없다. 능히 적의 변화에 맞게 승리를 얻어가는 자를 일컬어 신의 경지라 한다. 그러므로 오행의 어느 요소도 다른 모든 요소를 이길 수 없고, 네 계절도 언제나 고정됨이 없으며, 해도 길고 짧음이 있고, 달도 차고 기울어짐이 있다.

極 극, 끝, 다하다	間 간첩, 틈, 사이
窺 엿보다	謀 계책, 꾀, 권모술수
因 원인, 유래, 인하다	措 두다, 들다
皆 모두, 함께	制 만들다, 마르다
復 돌아올 복, 다시 부	應 응하다
夫 무릇	象 모양, 코끼리
避 피하다	趨 나아가다, 달리다
實 가득차다, 열매	擊 나아가다, 부딪치다
流 흐름, 흐르다	常 항상, 불변의 도
勢 형세, 기세	化 모양이 바뀌다, 되다
五行 금, 목, 수, 화, 토	四時 봄, 여름, 가을, 겨울
位 자리, 지위	短長 짧고 길다
死生 죽고 살다	

사례

로마제국,
1,500여 년을 이어온 비결이 있다

　로마제국(BC 27~1453, 1480년 존속)은 게르만족에 의해 476년에 서로마 제국이 멸망하고, 오스만투르크족에 의해 1453년에 동로마 제국(비잔틴 제국)이 멸망하였다. 로마제국이 1,500여 년을 유지할 수 있었던 가장 큰 이유는 어느 누구에게나 공정한 기회를 주었다는 것이다. 노예일지라도 공적이 있으면 노예 신분을 탈피하여 영주권을 받았고, 그 자식은 시민권이 주어졌으며, 능력만 있으면 최고의 권좌까지도 오를 수 있었다. 로마제국은 황제 혈통이 별도로 있지 않고 개인 능력만 있으면 황제까지 올랐다. 베스파시아누스 황제는 지방 출신으로 어릴 땐 염소를 기르는 평민이었지만 자신의 능력으로 황제가 되었다. 세베루스 황제는 아프리카인으로 황제까지 올라 이라크 북부 등을 병합하였다.

　로마제국은 인류 역사에서 가장 화려한 도시문화를 꽃피웠다. 국가와 민간의 밀접한 협력, 안정적인 화폐 사용, 거대한 시장 형성, 계약과 소유권을 보호하는 법체계 등은 로마제국의 번성과 발전을 가져왔다. 하지만 로마제국도 기울기 시작하는데 그 원인으로 첫째, 국가 지도부에서 올바른 방향을 제시하지 못하면서 사회 전반에 걸쳐 미성년과의 동성애 등 지나친 향락주의가 팽배했다는 것이다. 둘째, 시민권을 남발하여 로마인이 귀찮아하는 로마 군대에 이민족들을 채웠다. 이민족하층민들은 애국심은 없고 급여에 따라 전투에 참여하였다. 이들은 기존 로마 시민들과 차별을 깨닫고 불만세력이 되었고, 재력이 없어 시민권을 획득하지 못한 자들도 적대세력이 되었다. 또한 로마제국은 타국가를 무시하고 거만해지자 적대세력은 더욱 많아졌다. 정치는 부패해지고 불안정해지면서 로마제국은 멸망으로 치닫게 되었다.

수천 년 동안의 제국을 이끌었던 비법은 나만 특별하지 않고 우리 모두가 특별한 존재라며, 상호 존중과 배려 속에 작용한 시스템이 제일 크게 작용했을 것이다. 어느 세대에 후손들은 로마제국의 번성기를 이해하지 못했고, 차별과 기득권에 매달려 혼란과 분열 등을 부채질하여 결국 멸망으로 치닫게 하였다.

손자를 넘어 상위 1% 사상으로 올라서기

1. 대한민국이 천 년 이상 부강하기 위해 정치 지도부가 해야 할 일은 무엇인가?
2. 대한민국 구성원인 당신은 어떠한 자세를 가지고 행동해야 하는가?
3. (스스로에게) 관련 내용에 대해 다른 질문을 하고 대답해보세요.

第七

軍爭篇
(군쟁편)

孫子曰(손자왈) 凡用兵法(범용병법) 將受命於君(장수명어군) 合軍聚衆(합군취중) 交和而舍(교화이사) 莫難於軍爭(막난어군쟁). 軍爭之難者(군쟁지난자) 以迂爲直(이우위직) 以患爲利(이환위리).

故(고) 迂其塗而誘之以利(우기도이유지이리) 後人發先人至(후인발선인지) 此知迂直之計者也(차지우직지계자야). 故(고) 軍爭爲利(군쟁위리) 軍爭爲危(군쟁위위). 故(고) 擧軍而爭利則不及(거군이쟁리즉불급) 委軍而爭利則輜重損(위군이쟁리즉치중연).

是故(시고) 卷甲而趨(권갑이추) 日夜不處(일야불처) 倍道兼行(배도겸행) 百里而爭利(백리이쟁리) 則擒三將軍(즉금삼장군).

손자가 말하기를, 무릇 용병의 법에, 장수가 임금으로부터 명령을 받아, 병력을 모아 군대를 합하고, 적과 대치하여 머물게 되는데, 군쟁보다 어려운 것은 없다.[20] 군쟁의 어려움은, 돌아감으로써 곧은 길처럼 만들고, 근심거리(불리함)를 이로운 것으로 만들어야 하기 때문이다.

그러므로, 그 길을 멀리 돌아가더라도 적에게 이로운 듯이 유인하여, 적보다 늦게 출발하고도 먼저 도착하는 것이니, 이는 우직지계를

---

20 사례 : 백제의 의자왕, 부하의 배신으로 싸워보지도 못하고 멸망하다

아는 자이다. 그러므로 군쟁은 이로움이 되고, 위태로움도 된다. 그러므로 군대를 이끌고 이익을 다투면 제 시간에 이르지 못하고, 정예군대로만 이익을 다투면 치중대는 버려진다.

이런 까닭에, 갑옷을 벗어 던질 정도로 달려서, 밤낮을 쉬지 않고, 길을 두 배로 행군하여, 백 리를 나아가 이익을 다툰다면, 삼장군이 적에게 사로잡힐 것이다.

受 받다, 얻다	命 명령, 목숨
合 합하다	聚 모으다
交 서로, 사귀다	和 서로 응하다, 화하다
舍 집, 머무는 곳	莫 없다
難 어렵다	爭 싸움, 다툼
迂 먼 길, 굽히다	直 곧다, 고치다
患 근심, 걱정	塗 길
誘 유인하다, 속이다	發 가다, 쏘다, 보내다
危 위태하다	擧 움직이다, 이끌다
及 이르다, 미치다	委 맡기다
委軍 정예군대	輜 짐수레
損 버리다	卷 감아말다, 힘이 센 활
甲 갑옷	倍 곱절, 배
兼 겸하다, 아울러	擒 사로잡다

사례

백제의 의자왕,
부하의 배신으로 싸워보지도 못하고 멸망하다

의자왕(595~660, 향년 65세)은 백제의 마지막 왕으로 의자는 '의롭고 자비롭다'라는 뜻이다. 의자왕은 즉위하여 신라의 코앞까지 함락시키며 신라를 위협했다.

대야성(경남 합천) 전투에서는 김춘추의 딸과 성주를 죽였는데 신라의 김춘추는 딸의 죽음에 대한 복수심으로 반드시 백제를 멸하겠다며 당나라와 연합하여 백제를 공격했다. 의자왕은 당나라가 바다를 통해 직접 침공할 것을 예상하지 못했다. 소정방 등 13만 대군을 이끌고 바다를 건넌 당나라는 신라와 연합하여 동서로 백제를 공격하였다. 백제의 계백장군과 5천 명의 결사대는 황산벌(논산시 연산)에서 10배나 많은 5만 명의 신라군에 전멸당했다. 신라군이 사비성(부여)으로 공격해오자 의자왕은 가족을 데리고 공산성(공주)으로 도피했다. 그러나 싸움도 해보지 않고 의자왕은 김춘추와 소정방 앞에 머리를 조아리며 항복했다. 공산성 성주인 예식진이 의자왕 등을 잡아다 당나라에 바친 것이다. 의자왕은 당나라로 끌려갔고, 당나라에 도착 후 10일 만에 죽었다. 그 당시 백제의 지방군들은 거의 피해를 입지 않는 상태였고, 공산성은 강과 벼랑으로 둘러싸인 천혜의 요새로 북쪽의 고구려군과 연합하여 나·당 연합군을 상대하면 승패는 어떻게 전개될지 모를 일이었다. 공산성에서 시간을 끌면서 백제 지방군, 고구려군, 왜군 등과의 전투가 벌어지면 보급품을 배에 싣고 원정한 당나라군은 크게 곤란했을 것이다. 백제의 입장에서 매우 아쉬운 측면이 있다. 하지만, 성주인 예식진은 배신하였고, 당나라에서 대장군까지 올랐다. 예식진의 배신은 승산이 없던 싸움에 당당하게 맞선 계백과 비교하면 너무나 차이가 있다. 그는 배신자이자 매국노인 것이다.

상대하는 적은 실체가 명확하여 분석해서 전략전술을 통해 승리를 쟁취할 수 있지만, 만일 내부의 적이 있는데 이를 식별하지 못하고 조정 및 통제도 안 된다면 끔찍한 결과를 초래할 수 있다. 예식진은 내부의 적이 얼마나 무서운지 잘 보여준 인물이라 하겠다.

손자를 넘어 상위 1% 사상으로 올라서기

1. 내가 백제의 의자왕이었다면 나·당 연합군과 어떻게 전투하겠는가?
2. 당신의 주변에 예식진과 같은 사람이 있는지 어떻게 알아낼 수 있겠는가?
3. (스스로에게) 관련 내용에 대해 다른 질문을 하고 대답해보세요.

勁者先(경자선) 疲者後(피자후) 其法十一而至(기법십일이지). 五十里而爭利(오십리이쟁리) 則蹶上將軍(즉궐상장군) 其法半至(기법반지). 三十里而爭利(삼십리이쟁리) 則三分之二至(즉삼분지이지). 是故(시고) 軍無輜重則亡(군무치중즉망) 無糧食則亡(무량식즉망) 無委積則亡(무위적즉망). 故(고) 不知諸侯之謀者(부지제후지모자) 不能豫交(불능예교). 不知山林險阻沮澤之形者(부지산림험조저택지형자) 不能行軍(불능행군). 不用鄕道者(불능향도자) 不能得地利(불능득지리).

故(고) 兵以詐立(병이사립) 以利動(이리동) 以分合爲變者也(이분합위변자야). 故(고) 其疾如風(기질여풍) 其徐如林(기서여림) 侵掠如火(침략여화) 不動如山(부동여산) 難知如陰(난지여음) 動如雷震(동여뇌진) 掠鄕分衆(략향분중) 廓地分利(곽지분리) 懸權而動(현권이동). 先知迂直之計者勝(선지우직지계자승) 此軍爭之法也(차군쟁지법야).

굳센 자는 먼저 가고, 피로한 자는 뒤처져, 그 방법으로는 10분의 1만 도달하게 된다. 오십 리를 나가 이익을 얻으려 싸운다면, 상장군이 넘어질 것이니, 그 방법으로는 반만 도달하게 된다. 삼십 리를 나가 이익을 얻으려 싸운다면, 병력의 3분의 2만 도달하게 된다. 이런 까닭에 군대에 치중대가 없으면 망하고, 양식이 없으면 망하며, 보급물자 축적이 없으면 망한다. 그러므로 제후의 기도를 알지 못하면, 미리 외교관계를 맺을 수 없다. 산림, 험한 지형, 소택지 등의 지형을 알지 못하면 행군을 할 수 없다. 마을의 길 안내자를 활용하지 않으면, 지형의 이로움을 얻을 수가 없다.

그러므로 군사행동은 속임수로써 이뤄지고, 이익에 따라 움직이며, 분산과 집중으로 변화를 만드는 것이다.[21] 그러므로, 그 신속함은 바람과 같이 하고, 그 느림은 숲과 같이 하고, 침략은 불과 같이 맹렬히 하고, 움직이지 않을 때에는 산과 같이 하고, 알지 못하게 함은 어둠과 같이 하고, 움직임은 번개와 같이 하고, 마을을 약탈하여 병사에게 나눠주고, 땅을 넓혀서 이익을 나누고, 저울질하여 상황판단한 후에 움직인다. 먼저 우직지계를 아는 자가 승리하니, 이것이 군쟁의 법이다.

勁 굳세다	疲 피로하다, 지치다
蹶 넘어지다, 엎어지다	半 반, 조각
糧 양식, 식량	積 쌓다, 저축하다
諸 모든	侯 임금, 제후
諸侯 백성을 지배하는 사람	險 험하다
阻 험하다	險阻 험한 지형
沮 막다, 저지하다	澤 늪, 진뻘, 못
沮澤 소택지(늪과 못)	鄕 시골, 마을
詐 속이다	疾 병, 틈, 버릇
徐 천천하다, 평온하다	侵 침노하다, 습격하다
掠 노략질하다	陰 응달, 어둠
雷 우레, 천둥	震 벼락, 천둥
廓 크다, 울타리, 둘레	懸 매달다, 공포하다
權 저울질하다, 분별하다	

---

21 사례 : 스탈린그라드 전투, 리더의 아집으로 세계 최고의 사상자를 내며 패하다

사례

스탈린그라드 전투, 리더의 아집으로 세계 최고의 사상자를 내며 패하다

　스탈린그라드 전투(1942년 7월~1943년 2월)는 제2차 세계대전 때에 독일군과 소련군이 스탈린그라드(현 볼고그라드)에서 벌인 전쟁 역사상 가장 많은 약 200만여 명의 사상자가 발생한 6개월간의 포위 섬멸전으로 소련군이 승리한 전투이다.

　독일의 히틀러는 모스크바 점령에 실패하자 유전 지대를 연결하는 주요 석유 공급로이자 전략적 요충지인 스탈린그라드를 확보하고자 했다. 독일군의 사령관 파울루스는 33만 명의 병력과 600여 대의 폭격기로 스탈린그라드를 공격(1942년 7월 17일)하였다. 독일군은 성과 없이 피해만 커지고 전투가 장기화되자 혹한과 보급품의 부족으로 큰 어려움에 처했다. 소련군은 독일군의 무기 보급로까지 차단(11월)하고 스탈린그라드까지 포위했다. 독일군은 양측면이 붕괴되고 포위당하면서 히틀러에게 몇 번의 철수를 요청했지만 무시되고 계속 전투를 강요당했다. 후방 지원부대와 차단된 독일군은 2개월간의 치열한 전투 끝에 소련군에 항복하였다. 히틀러는 사령관 파울루스에게 자결할 것을 종용하였으나 독일군이 항복하면서 스탈린그라드 전투는 종결되었다. 결국 히틀러의 아집으로 피해를 키웠던 것이다.

　전사자는 독일군 22만여 명, 독일 동맹군(이탈리아군·루마니아군·헝가리군) 30만 명 이상, 소련군 48만여 명 등이었다.

스탈린그라드 전투는 큰 사상자 없이 전투력을 보존할 수도 있었으나 히틀러는 자신의 주장만을 밀어붙이면서 전쟁사에서 가장 많은 사상자를 냈고, 독일군에게도 큰 타격을 안겨주었다. 파울루스는 현장의 지휘관으로써 부하 장병들과 독일을 위해 현명한 결단을 못했던 것이 아쉽다. 상관의 아집 앞에 손익계산을 할 수 있는 여건은 쉽지 않았을 것이고, 이는 비극의 씨앗이 되었던 것이다.

손자를 넘어 상위 1% 사상으로 올라서기

1. 내가 독일군 사령관(파울루스)이었다면 상대와 어떻게 대처하며 싸웠을까?
2. 전화통신으로 지휘했던 히틀러는 어떻게 지도했어야 전투에서 승리하였을까?
3. (스스로에게) 관련 내용에 대해 다른 질문을 하고 대답해보세요.

軍政曰(군정왈) 言不相聞(언불상문) 故爲金鼓(고위금고).
視不相見(시불상견) 故爲旌旗(고위정기). 夫金鼓旌旗者(부금고정기자) 所以一人之耳目也(소이일인지이목야) 人旣專一(인기전일) 則勇者不得獨進(즉용자부득독진) 怯者不得獨退(겁자부득독퇴) 此用衆之法也(차용중지법야). 故夜戰多金鼓(고야전다금고) 晝戰多旌旗(주전다정기) 所以變人之耳目也(소이변인지이목야). 故三軍可奪氣(고삼군가탈기) 將軍可奪心(장군가탈심). 是故(시고) 朝氣銳(조기예) 晝氣惰(주기타) 暮氣歸(모기귀).

故(고) 善用兵者(선용병자) 避其銳氣(피기예기) 擊其惰歸(격기타귀) 此治氣者也(차치기자야). 以治待亂(이치대란) 以靜待譁(이정대화) 此治心者也(차치심자야). 以近待遠(이근대원) 以佚待勞(이일대로) 以飽待饑(이포대기) 此治力者也(차치력자야). 無邀正正之旗(무요정정지기) 勿擊堂堂之陣(물격당당지진) 此治變者也(차치변자야).

군사행정에서 말하기를, 말소리가 서로 들리지 않기 때문에, 징과 북을 사용하고, 신호가 서로 보이지 않으므로, 깃발을 사용한다. 무릇 징, 북, 깃발 등은 사람들의 이목을 하나로 모으기 때문에, <u>사람들이 하나로 뭉쳐지면, 용감한 자도 혼자 나아가지 않고, 비겁한 자도 혼자 물러서지 않으니,</u>[22] 이것이 많은 병력을 운용하는 법이다. 그러므로 밤

---

22   사례 : 아프가니스탄 대통령, 적이 오자 돈다발 들고 외국으로 야반도주하다

에 싸울 때는 징과 북을 많이 쓰고, 낮에 싸울 때는 깃발을 많이 쓰는 것은 적군의 귀와 눈을 현혹시키기 때문이다. 그리하여 삼군(적부대)에서는 사기를 빼앗을 수 있고, 장군에게는 마음을 빼앗을 수 있다. 이런 까닭에, 아침의 기세는 날카롭고, 낮의 기세는 게으르며, 저녁의 기세는 돌아가려고 한다.

그러므로, 용병을 잘하는 자는, 날카로운 기세는 피하고, 게으르고 돌아가려는 기세를 친다. 이것은 기세를 다스리는 법이다. 정돈된 상태에서 적의 어지러움을 맞이하고, 정숙한 상태에서 적의 소란함을 맞이하는 것이니, 이것이 바로 마음을 다스리는 법이다. 가까움으로써 먼 적을 기다리고, 편안함으로써 지친 적을 기다리고, 배부름으로써 굶주린 적을 기다리는 것이 힘을 다스리는 법이다. 깃발이 정연한 적을 맞이하지 않고, 당당한 진을 갖춘 적을 공격하지 않으니 이것이 변화를 다스리는 법이다.

政 행정	金 징, 쇠, 성
鼓 북, 치다	視 보다
旌 기	旗 기
專 뭉치다, 집중하다	勇 용감하다
獨 홀로	進 나아가다
怯 비겁하다, 겁내다	奪 빼앗다
氣 기운, 활동하는 힘	朝 아침
銳 날카롭다	惰 게으르다
暮 저녁	歸 돌아가다
避 피하다	譁 시끄럽다
饑 굶주리다	邀 맞다, 만나다
當 당하다, 대적하다	陣 진영, 방비

사례

아프가니스탄 대통령,
적이 오자 돈다발 들고 외국으로 야반도주하다

아프가니스탄의 가니 대통령(2014~2021, 7년 재임)은 미국에서 석·박사 학위를 받았고, 재무부 장관을 역임했으며, 탈레반이 수도 카불로 진격한다는 소식을 듣고 나라를 버리고 돈가방 챙겨서 도망(2021) 간 대통령이다. 아프가니스탄 입장에서 최악의 배신자인 것이다. 7년간의 대통령 기간은 누구를 위해 존재했단 말인가? 아프가니스탄은 1919년에 영국으로부터 독립하고 최강대국이었던 소련, 미국까지 아프가니스탄을 침공했다가 물러났으며, 제국의 무덤이라고도 한다. 영국은 아프가니스탄이 적성국가들(러시아, 독일)과 외교를 강화하자 공격하였으며, 소련은 아프가니스탄에 세워진 공산정부가 공격을 당하자 공산정부 보호라는 명분으로 공격(1979~1989)하였다. 탈레반 통치시절(1996~2001)이 있었지만 미국에 의해 쫓겨나 일부 지역만을 지배하고 있었다. 미국은 2001년 9.11테러로 빈라덴을 숨겨준 탈레반을 20년 동안 공격하였으며, 3천여 명 이상의 사상자를 내고도 아프가니스탄 정치인들의 부정부패 등으로 나아질 조짐이 보이지 않자 2021년에 철수하였다. 가니 대통령은 탈레반이 수도(카불)에 도착하자 차량 4대와 2천억 원의 현금을 가득 실은 헬리콥터를 타고 아랍에미레이트(UAE)로 도망(2021년 8월)가 버렸고, 국민들은 각자 알아서 생존해야 했다. 다음날 탈레반은 카불을 접수하고 종전을 선언하였다.

국가가 위기에 빠질 때에 대통령부터 국민까지 힘을 모으고 대응해도 이겨내기 쉽지 않을 터인데, 서로 제 살길만 찾는다면 누가 이들의 생명과 안전을 지켜줄 것인가? 평시에도 국가가 분열되어 상호 헐뜯고 싸워 사회를 혼란하게 하는 것은 상대국이 바라는 가장 좋은 전략이자 전술이다.

손자를 넘어 상위 1% 사상으로 올라서기

1. 내가 아프가니스탄 대통령이었다면 탈레반이 공격해올 때 어떻게 행동했을까?
2. 아프가니스탄 가니 대통령 재임기간(2014년~도망, 7년) 때에 국가와 국민을 위해 어떻게 정치해야만 했을까?
3. 아프가니스탄 국민들은 탈레반 점령하에서 어떻게 행동을 해야 할까?
4. (스스로에게) 관련 내용에 대해 다른 질문을 하고 대답해보세요.

> 故用兵之法(고용병지법) 高陵勿向(고릉물향) 背邱勿逆(배구물역) 佯北勿從(양배물종) 銳卒勿攻(예졸물공) 餌兵勿食(이병물식) 歸師勿遏(귀사물알) 圍師必闕(위사필궐) 窮寇勿迫(궁구물박) 此用兵之法也(차용병지법야).

그러므로 용병의 법에, 높은 언덕에 있는 적에게 향하지 말며, 뒤에 언덕을 둔 적을 맞이하지 말며, 거짓으로 도망가는 적을 쫓지 말고, 사기가 날카로운 적을 공격하지 말고, 적이 주는 미끼를 먹지 말고,[23] 돌아가려고 하는 적을 막지 말고, 포위된 적은 빠져나갈 길을 터주고, 궁핍한 지경에 있으면 너무 다그치지 말며, 이것이 용병의 법이다.

陵 언덕	向 향하다
背 뒤, 등	邱 언덕
逆 거스르다, 맞이하다	佯 거짓
北 도망치다	從 쫓다
餌 먹이, 미끼	歸 돌아가다
師 스승, 군대	圍 둘러싸다, 포위하다
闕 빠지다, 비다, 대궐	寇 도둑
迫 다그치다, 궁색하다	

---

23 사례 : 조조. 병법의 달인이지만 한순간의 방심으로 적벽대전에서 대패하다

사례

조조, 병법의 달인이지만
한순간의 방심으로 적벽대전에서 대패하다

　삼국지의 3대 대전의 하나인 적벽대전(AD 208)에서 조조의 100만 대군은 유비·손권의 연합군 5만 대군과의 전투에서 많은 병력 차이에도 불구하고 패배했다. 조조의 원정군은 수중전투는 서툴러 적선보다 큰 함선을 건조하였고, 배들을 종횡으로 연결하고 널빤지를 깔아 흔들림을 최소화하여 배멀미를 막으려 했다. 조조의 대군을 마주한 연합군의 사령관 주유는 정상적인 전투로는 당해낼 수가 없음을 알고 그의 심복인 황개와 화공이라는 계책을 꾸몄다. 하지만, 조조가 채중·채화 두 형제를 거짓 항복시켜 오나라에서 첩자로 활용하고 있던 터라 섣불리 작전할 수도 없었다. 주유와 황개는 치밀한 계획을 세워 작전을 실시하였다. 우선 황개는 조조를 꺾을 수 없다며 항복을 제안했고, 이에 분개한 주유는 황개를 실신할 정도의 곤장 백여 대를 내려쳤다. 황개는 배신감이 치밀어 조조에게 투항서를 전달했고, 조조는 적의 계책이라고 생각했다. 하지만 오나라에서 첩자로 활동하고 있는 채씨 형제와 여러 접수된 정보가 일치함을 알고 황개의 투항선을 받아들이기로 했다. 황개는 20척의 투항선에 인화물질을 잔뜩 실어 속도를 높여 조조의 전투함 선단을 들이박고 불을 붙여 조조의 대함대를 불태워버렸다. 투항선 앞에 대못을 박아 상대의 배에 부딪치면 두 배는 못이 박혀 움직이지 못하고 불에 탔다. 혼란해진 틈을 이용하여 연합군의 수군들은 조조의 군사들을 닥치는 대로 죽이며 적벽대전에서 대승하였다. 조조는 퇴로를 만들어 안전하게 퇴각하여 목숨을 건질 수 있었다.

병법에 능통했던 조조는 최초에 상대의 계략을 눈치채고 의심했지만 주변 환경들에 의해 상대의 장수를 신뢰하게 되고, 별다른 조치를 취하지 않았다. 지속적인 정보활동을 했더라면 적벽대전에서 다른 결과를 얻었을 것이다.

손자를 넘어 상위 1% 사상으로 올라서기

1. 내가 조조였다면 적벽대전에서 어떠한 전술을 사용했을까?
2. 어떠한 정보나 첩보가 확신이 되는 경우 이를 다시 평가하는 방법은 없을까?
3. (스스로에게) 관련 내용에 대해 다른 질문을 하고 대답해보세요.

第八

九變篇
(구변편)

孫子曰(손자왈) 凡用兵之法(범용병지법) 將受命於君(장수명어군) 合軍聚衆(합군취중). 圮地無舍(비지무사) 衢地合交(구지합교) 絶地無留(절지무류) 圍地則謀(위지즉모) 死地則戰(사지즉전). 途有所不由(도유소불유) 軍有所不擊(군유소불격) 城有所不攻(성유소불공) 地有所不爭(지유소불쟁) 君命有所不受(군명유소불수).

故將通於九變之利者(고장통어구변지리자) 知用兵矣(지용병의). 將不通於九變之利者(장불통어구변지리자) 雖知地形(수지지형) 不能得地之利矣(불능득지지리의). 治兵不知九變之術(치병부지구변지술) 雖知五利(수지오리) 不能得人之用矣(불능득인지용의). 是故(시고) 智者之慮(지자지려) 必雜於利害(필잡어리해). 雜於利而務可伸也(잡어리이무가신야) 雜於害而患可解也(잡어해이환가해야).

손자가 말하기를, 무릇 용병의 법에, 장수가 임금으로부터 명령을 받아, 병력을 모아 군대를 합한다. 소택지에는 숙영하지 말며, 사통팔달한 요충지에서는 주변국과 외교관계에 힘쓰며, 메마른 곳에서는 머무르지 말며, 둘러싸인 곳에서는 즉각 계책을 세우며, 사지(나갈 수도 물러설 수도 없는 곳)에서는 즉시 싸운다. 길이라도 가서는 안 될 길이 있으며, 군대라도 쳐서는 안 될 군대가 있으며, 성이라도 공격해서는 안 될 성이 있으며, 땅이라도 쟁탈해서는 안 될 땅이 있으며, 임금의 명

령이라도 받아들이지 않을 명령이 있다.[24]

그러므로 장수가 다양한 변화상황의 이로움에 통달하는 자는, 용병을 아는 것이다. 장수로서 구변의 이로움에 통달하지 못한 자는, 비록 지형을 안다고 하더라도, 지형의 이점을 얻을 수 없다. 병사를 다스리는 데 구변의 방법을 모르는 자는, 비록 다섯 가지 이점을 안다고 하더라도, 병사들을 제대로 운용하지 못한다. 그러므로, 지혜로운 자의 생각은, 반드시 이와 해를 함께 고려한다. 이로움을 충분히 고려하면 직무를 잘 펼 수 있고, 해로움을 충분히 고려하면 근심을 풀 수 있다.

九變 다양한 변화상황	受 받다, 받아들이다
圮 무너지다	圮地 소택지
衢 네거리, 길	衢地 사통발달한 요충지
絶 끊다, 말라죽다	絶地 외진 곳, 메마른 곳
圍 둘러싸다, 포위하다	謀 계책, 꾀, 권모술수
途 길, 도로	由 따르다, 말미암다
通 통달하다	雖 비록
術 꾀, 계략, 방법	慮 생각하다, 걱정하다
雜 섞이다, 고려하다	務 일, 직무(맡은 업무)
伸 펴다	患 근심, 걱정
解 풀다, 풀리다	

---

24   사례 : 원균, 칠천량 해전에서 막강했던 조선 수군을 궤멸시키다

사례

원균, 칠천량 해전에서 막강했던 조선 수군을 궤멸시키다

칠천량 해전(1597년 8월)은 원균 등 조선 수군(판옥선 134척, 거북선 3척, 수군병사 1만 7천여 명)과 일본 수군(60척)이 맞붙어 조선 수군을 궤멸시키고 일본 수군이 압도적으로 승리한 해전이다.

명나라와의 화의가 결렬되자 왜군은 조선을 재차 침략(1597)했다. 한산도를 공격하기 위해 조선군을 치려고 유혹하니 도원수 권율은 원균에게 왜군에 대한 공격을 명령하였다. 원균은 전 병력을 출병하여 서생포에서 적의 주력함대를 만나 패하고 간신히 가덕도에 당도하였으나 여기에서도 왜군을 만나 막대한 손해를 입고 거제도 앞 칠천량에 정박하였다. 패전의 책임으로 권율에게 태형까지 받았던 원균은 군사는 돌보지 않고 해전에 불리한 칠천량에서 머물다가 왜군 함대의 공격을 받았다. 왜군의 수군은 부산에서 전함 수백 척을 이끌고 출병하였고, 육군도 칠천량으로 향하였다. 원균은 왜군의 양면 공격을 받아 대패하고 육지로 탈출하다가 죽었다. 왜군은 제해권을 장악하였고, 조선군은 수백 척의 전함을 잃고 단지 12척만의 전함을 이끌고 한산도로 후퇴하였다. 원균은 칠천량에 정박하는 동안 주변 경계와 정찰 등을 통해 왜군의 습격에 대비해야 했지만 이러한 활동도 없이 이해되지 않는 행동들만 하다가 왜군의 공격에 제대로 전투도 못하고 와해되었다.

조선의 지도부인 선조와 권율은 원균의 자질과 능력을 확인하고 잘 판단했다면 강력한 조선 수군의 전력을 한순간에 잃지 않았을 것이다. 또한 원균도 왜군과의 해전에 자신감이 없고, 전략적 판단이 서지 않았다면 스스로 결단을 내려 부하의 목숨을 지키고 조선 수군의 막강한 전력도 보존해야 했다.

손자를 넘어 상위 1% 사상으로 올라서기

1. 내가 원균이었다면 칠천량 해전에서 어떻게 전투했을까?
2. 국가의 지도자인 선조나 권율이 원균을 불러 왜군의 배후인 대마도 공격을 명령하여 그들의 보급로를 차단했다면 임진왜란 결과는 어떻게 바뀌었을까?
3. (스스로에게) 관련 내용에 대해 다른 질문을 하고 대답해보세요.

是故(시고) 屈諸侯者以害(굴제후자이해) 役諸侯者以業(역제후자이업) 趨諸侯者以利(추제후자이리). 故(고) 用兵之法(용병지법) 無恃其不來(무시기불래) 恃吾有以待也(시오유이대야). 無恃其不攻(무시기불공) 恃吾有所不可攻也(시오유소불가공야). 故(고) 將有五危(장유오위) 必死可殺也(필사가살야) 必生可虜也(필생가로야) 忿速可侮也(분속가모야) 廉潔可辱也(염결가욕야) 愛民可煩也(애민가번야).

凡此五者(범차오자) 將之過也(장지과야) 用兵之災也(용병지재야). 覆軍殺將必以五危(복군살장필이오위) 不可不察也(불가불찰야).

그러므로, 제후를 굴복시키려면 해로움을 보여주고, 제후를 부리려면 일거리를 만들어주고, 제후를 달려오게 하려면 이로움을 보여주면 된다. 그러므로, 용병의 법에, 적이 오지 않을 거라 믿지 말고, 내게 대비가 되어 있음을 믿어야 한다.[25] 적이 공격하지 않을 거라 믿지 말고, 내게 적이 공격할 수 없는 준비가 되어 있음을 믿어야 한다. 그러므로, 장수에게 다섯 가지 위태로운 것이 있으니, 반드시 죽고자 하면 죽을 수 있고, 반드시 살고자 하면 포로가 될 수 있고, 급하게 성을 내면 업신여김을 당할 수 있고, 지나치게 깨끗하고자 하면 수치심을 당할 수 있고, 백성을 지나치게 사랑함은 번거로울 수 있다.

---

25 사례 : 페루 대통령(3명) 동일 교도소에 수감! 감옥 가기 위해 대통령 되었나?

무릇 이 다섯 가지는 장수의 허물이요, 용병의 재앙이다. 군이 뒤집어지고 장수가 죽게 되는 것은 반드시 이 다섯 가지 위태로운 것 때문이니, 신중히 살피지 않을 수 없다.

屈 굽다, 굴복시키다, 베다	害 해로움, 해치다
役 부리다, 일을 시키다	業 일, 직업
趨 달리다, 쫓다	恃 믿다
危 위태하다	殺 죽다
虜 포로, 사로잡다	忿 성내다
速 빠르다, 급하다	侮 업신여기다
廉 청렴하다, 곧다	潔 깨끗하다
廉潔 청렴하고 결백하다	辱 욕(수치) 보이다
煩 번거롭다, 괴로워하다	過 허물(잘못 저지른 실수)
災 재앙	覆 뒤집히다, 무너지다
察 살피다	

사례

페루 대통령(3명), 동일 교도소에 수감! 감옥 가기 위해 대통령 되었나?

　페루 전직 대통령들(후지모리, 카스티요, 톨레도)은 한 교도소에 수감되어 복역하는 불명예스러운 일(2023)이 생겼다.

　후지모리(1990~2000, 11년 재임) 전 대통령은 횡령과 뇌물수수 등 부패 혐의, 페루에서 자행된 학살·납치 등 인권침해 혐의 등으로 2009년에 징역 25년형을 선고받아 교도소에 수감 중이다.

　카스티요(2021~2022, 2년 재임) 전 대통령은 의회 해산 등 반란과 음모 혐의로 교도소에 수감되어 있다.

　톨레도(2001~2006, 6년 재임) 전 대통령은 계약 관련 관리들에게 뇌물을 준 브라질 건설회사로부터 약 270억여 원의 뇌물 혐의를 받자 2017년에 파리로 출국한 뒤 잠적하였으나 2019년에 미국에서 체포되어 범죄인으로 페루에 인도(2023년 4월)되어 페루 전직 대통령들과 동일한 교도소에 수감되었다. 유죄 판결일 경우 20년형을 선고받을 수 있다고 한다.

　이들 전직 대통령들은 감옥에서 무슨 생각을 하며 생활하고 있을지 궁금하다. 지위고하를 떠나 신상필벌하고 책임지는 사회적 분위기라면 나라의 미래는 건전하고 밝을 것이다. 이들이 스스로 자질을 갖추려고 노력하고, 국민과 국가를 위해 최선의 노력을 경주했더라면 감옥에 있지 않았을 것이다. 페루의 국민들은 법과 제도를 벗어나면 대통령일지라도 그에 상응하는 벌을 받는다는 당연한 논리를 펼치고 있는 것이다.

> **손자를 넘어 상위 1% 사상으로 올라서기**
>
> 1. 내가 대통령이 되었다면 어떻게 처신하고 정치하겠는가?
> 2. 당신이 기자라면 동일한 교도소에 수감된 페루 전직 대통령들에게 어떠한 질문을 하고 싶은가?
> 3. (스스로에게) 관련 내용에 대해 다른 질문을 하고 대답해보세요.

第九

行軍篇
(행군편)

孫子曰(손자왈) 凡處軍相敵(범처군상적) 絶山依谷(절산의곡) 視生處高(시생처고) 戰隆無登(전륭무등) 此處山之軍也(차처산지군야). 絶水必遠水(절수필원수) 客絶水而來(객절수이래) 勿迎之於水內(물영지어수내) 令半濟而擊之利(영반제이격지리). 欲戰者(욕전자) 無附於水而迎客(무부어수이영객) 視生處高(시생처고) 無迎水流(무영수류) 此處水上之軍也(차처수상지군야).

絶斥澤(절척택) 惟亟去無留(유극거무류) 若交軍於斥澤之中(약교군어척택지중) 必依水草而背衆樹(필의수초이배중수) 此處斥澤之軍也(차처척택지군야).

平陸處易(평륙처이) 右背高(우배고) 前死後生(전사후생) 此處平陸之軍也(차처평륙지군야). 凡此四軍之利(범차사군지리) 黃帝之所以勝四帝也(황제지소이승사제야).

손자가 말하기를, 무릇 군을 배치하고 적과 마주할 때, 산을 넘어갈 때는 계곡을 따라 움직이고, 생지를 보면서 높은 곳에 위치하고, 높은 곳에 있는 적과 싸우기 위해 오르지 말아야 하니, 이것이 산에 위치한 군대가 싸우는 요령이다. 물을 건너면 반드시 물에서 멀리 떨어지고, 적이 물을 건너올 때는, 물 가운데에서 맞이하지 말고, 반쯤 건너게 하고 공격하게 명하면 유리하다.[26] 싸우기를 원할 때는, 물가에 붙어서

26　사례 : 살수대첩, 강(江)을 활용 수나라군을 궤멸시키다

싸우지 말고, 생지를 보면서 높은 곳에 위치하여, 물의 흐름을 맞이하지 말 것이니, 이것이 물가에 있는 군대가 싸우는 요령이다.

소택지를 지나갈 때는, 오직 빨리 지나가고 머뭇거리지 말아야 하고, 만약 소택지에서 싸우게 되면, 반드시 물이나 풀을 의지하여 나무숲을 등지고 싸울지니, 이것이 소택지에 있는 군대가 싸우는 요령이다.

평지에서는 평탄한 곳에 위치하고, 오른쪽 뒤편에 높은 곳을 두고, 앞에 사지를 두고 뒤에 생지를 둘 것이니, 이것이 평지에 있는 군대가 싸우는 요령이다. 무릇 이 네 가지 지형의 이용법은, 황제가 주변 제왕들을 이기게 된 이치이다.

行軍 군대 행군	處 자리잡고 있다, 살다
相 마주하다, 보다, 서로	絶 곧바로 가다, 건너다
依 의지하다	谷 계곡, 골짜기
隆 높다	登 오르다
客 손님, 적	勿 말다, 아니다
迎 맞이하다	令 명령, 좋다
附 붙다	流 흐름, 흐르다
斥 물리치다	澤 늪, 진뻘, 못
惟 오직	亟 빠르다
草 풀, 잡초	樹 나무
平陸 평평한 땅(평지)	易 쉬울 이, 바꿀 역
黃帝 중국 전설상의 제왕	四帝 주변의 제왕

사례

살수대첩,
강(江)을 활용 수나라군을 궤멸시키다

　살수대첩(612년 7월)은 수나라 우정문 등 30만 명이 고구려를 침입하여 을지문덕에게 살수(청천강)에서 거의 궤멸한 전투이다.

　수나라 113만여 명의 대규모 군대는 요하를 건너는 데만 2개월이 걸렸고, 요동성을 공격했지만 큰 손실만 입고 4개월이 흘러가 버렸다. 이에 수양제는 정예병 30만 별동대를 조직하여 우중문과 우문술로 하여금 평양성으로 직행하여 황해를 건너는 내호아의 수군과 합동하여 평양성을 함락시키도록 하였다. 별동대는 100일분의 식량과 텐트 등을 보급받았는데 군장의 무게가 약 50여 kg이나 되어 보급품을 버리는 이들이 많았다. 이로 인해 나중에는 심각한 물자 부족을 겪었다. 평양성 앞 30리까지 도착했으나 지쳐서 공격할 엄두가 나지 않았다. 황해를 건너기로 한 내호아의 수군은 패하여 박살난 상태였다. 별동대는 어쩔 수 없이 후퇴를 시작했는데 이때부터 고구려군은 본격적인 공세에 들어갔다. 후퇴하는 별동대를 이곳저곳에서 쳐부셔 수나라군은 매우 약화되었고 살수에 간신히 도착했다. 살수의 절반쯤을 건너고 있는 순간 을지문덕(고구려군)은 전 병력을 집중시켜 공격을 개시했다. 수나라군이 제일 취약한 순간을 놓치지 않았던 것이다. 수나라의 후미는 붕괴되었고, 패닉에 빠진 수군들은 살기 위해 서로 도주하면서 무너졌다. 수나라군 30만 명 중 살수에서 살아 돌아간 병사는 겨우 2,700명에 불과했다.

고구려군은 정면승부를 피하고 모든 식량을 성 안으로 옮겨 수나라 군에게 일체 빼앗기지 않도록 하였다. 그리고 소규모 부대로 수나라군을 끊임없이 공격하여 피해를 입히며 전력을 약화시켰다. 살수의 지형을 최대한 활용하여 수나라군을 궤멸시키며 완전한 승기를 잡았다. 을지문덕의 놀라운 용병술과 이에 부합하는 고구려군의 대응능력이 얼마나 위대했는지를 잘 보여주는 전투였다.

손자를 넘어 상위 1% 사상으로 올라서기

1. 전방 성들을 그대로 둔 채 평양성으로 직행하여 공격한 수나라의 작전에 대해 어떻게 생각하는가?
2. 내가 대군을 이끌었던 수양제였다면 고구려를 어떻게 공격하였을까?
3. (스스로에게) 관련 내용에 대해 다른 질문을 하고 대답해보세요.

凡軍好高而惡下(범군호고이오하) 貴陽而賤陰(귀양이천음) 養生而處實(양생이처실) 軍無百疾(군무백질) 是謂必勝(시위필승). 丘陵隄防(구릉제방) 必處其陽而右背之(필처기양이우배지) 此兵之利(차병지리) 地之助也(지지조야). 上雨水沫至(상우수말지) 欲涉者待其定也(욕섭자대기정야). 凡地有絶澗天井天牢天羅天陷天隙(범지유절간천정천뢰천라천함천극) 必亟去之(필극거지) 勿近也(물근야). 吾遠之(오원지) 敵近之(적근지) 吾迎之(오영지) 敵背之(적배지). 軍旁(군방) 有險阻橫井林木蒹葭翳薈者(유험조황정임목겸가예회자) 必謹覆索之(필근복색지) 此伏姦之所也(차복간지소야). 敵近而靜者(적근이정자) 恃其險也(시기험야). 遠而挑戰者(원이도전자) 欲人之進也(욕인지진야). 其所居易者(기소거이자) 利也(리야).

무릇 군사는 높은 곳을 좋아하고 낮은 곳을 싫어하며, 양지바른 곳을 귀하게 여기고 음지를 천하게 여기니, 생지에서 말을 먹이고 쾌적한 곳에 거주하면 군대에 병이 없을 것이니, 이것을 반드시 이기는 태세[27]라고 한다. 구릉과 제방은, 반드시 양지바른 곳에 처하여 이를 오른쪽 뒤편으로 한다. 이는 용병의 이로움이요, 지형의 도움을 얻는 것이다. 상류에 비가 내려 물거품이 떠내려오면, 강을 건너려는 자는 물살이 안정되기를 기다린다. 무릇 지형이 깊은 계곡, 움푹 들어간 곳, 산이

---

27   사례 : 일본, 주변국들에게 끔찍한 고통을 주고 2차 세계대전에서 참패하다

험하여 감옥 같은 곳, 숲이 울창한 곳, 소택 지대, 좁고 구덩이가 많은 곳이 있으면, 반드시 빨리 지나가고, 가까이해서는 안 된다. 나는 이를 멀리하면, 적은 이를 가까이 있게 될 것이며, 나는 이를 마주하고, 적은 등지게 한다. 부대 근처에, 험한 지형, 웅덩이, 수풀, 갈대숲, 가시덤불 등이 있을 때는, 반드시 삼가 반복하여 수색해야 되니, 이런 곳은 첩자가 숨은 곳이다. 적이 가까이 있으면서도 조용한 것은, 그 험함을 믿기 때문이다. 적이 멀리 있으면서 싸움을 거는 것은, 아군의 진격을 유인하려는 것이다. 평탄한 곳에 진을 치고 있다면, 지리적 이점이 있기 때문이다.

好 좋다		惡 미워할 오, 악할 악	
貴 귀하다		陽 양지, 볕	
賤 천히 여기다		陰 음지	
養 기르다, 사육하다		丘陵 언덕	
隄防 물가에 쌓아놓은 둑		助 돕다	
沫 거품		涉 건너다	
定 바로잡다, 정하다		絶澗 깊은 계곡	
天井 움푹 들어간 곳		天牢 감옥 같은 곳	
天羅 숲이 울창한 곳		天陷 소택 지대	
天隙 좁고 구덩이가 많은 곳		迎 마주하다	
背 등지다		旁 옆, 곁, 두루	
險阻 험한 지형		橫 웅덩이	
井 우물		橫井 웅덩이	
蒹 갈대		葭 갈대	
蒹葭 갈대숲		蘙 무성한 모양	
薈 무성하다		蘙薈 가시덤불	
謹 삼가다, 경계하다		覆 뒤집히다, 수색하다	

사례

일본, 주변국들에게 끔찍한 고통을 주고 제2차 세계대전에서 참패하다

일본은 주변국들에 비해 빨리 선진문물을 받아들여 첨단 무기와 장비들을 갖추었다. 하지만 주변국들은 일본과 비교도 안 되는 재래식 무기와 장비들을 지니고 있었다. 이러한 이유로 일본은 제2차 세계대전 이전부터 주변국들을 공격만 하면 승리하였고, 주변국들을 수준 낮게 평가하였다. 자신들이 원하는 것은 무엇이든 될 성싶었다. 주변국들의 형편 없는 제도와 물자는 일본인들에게 드높은 사기를 부여했던 것이다. 기습을 잘 활용하면 미국에게 이길 것이라 생각하고 미국을 공격(태평양 전쟁)하였다.

제2차 세계대전 동안 일본군은 만주, 동남아시아 등 점령지에서 대량학살 등을 자행했다. 일본군에는 강간, 약탈, 민간인 학살 등 모든 것이 허용되어 죄책감마저 없었다. 이러한 사례로는 난징 대학살(1937, 어린이와 여자 등 20만여 명이 학살), 포로들 식용(연합군의 인육을 먹는 것은 허용하지만 아군의 인육을 먹는 자는 엄중히 처벌한다고 지시), 한국인 강제징용(613만여 명, 인구의 20%), 공사시설 보안 유지로 한국인 집단학살(징용자 800여 명), 731부대의 생체실험(1936~1945, 임산부 포함), 마닐라 대학살(1944~1945, 10만여 명), 사이판 민간인 학살(1944, 23천여 명), 싱가포르 화교 학살(1941, 6천여 명), 오키나와 전투 당시 인간방패(1945), 일본군 위안부(1932~1945) 등으로 주변국들에게 잊을 수 없는 피해를 안겼다. 일본은 원자폭탄 2발을 맞으며 무조건 항복을 했는데 원자폭탄으로 약 11만여 명이 사려졌다고 한다.

일본은 초기에 주변국들보다 선진화된 무기와 장비로 흥분했고 자만했다. 그들의 역량은 만주, 동남아시아, 미국 등과 동시에 전쟁을 할 만큼 충분하지 못했다. 주변국 중에 일본과 비슷한 능력을 지닌 국가가 있었다면 원자폭탄을 맞았던 일본은 식민지로 전락하여 역사에서 사라졌을 수도 있었다.

손자를 넘어 상위 1% 사상으로 올라서기

1. 내가 당시 일본 총리(고노에 후미마로)였다면 전쟁을 무슨 목적으로 했을까?
2. 대한민국은 일본에게 왜 식민지가 되었다고 생각하는가? 두 번 다시 우리가 주변국에게 식민지가 되지 않으려면 대비해야 하는 분야는 무엇인가?
3. (스스로에게) 관련 내용에 대해 다른 질문을 하고 대답해보세요.

衆樹動者(중수동자) 來也(래야). 衆草多障者(중초다장자) 疑也(의야). 鳥起者(조기자) 伏也(복야). 獸駭者(수해자) 覆也(복야). 塵高而銳者(진고이예자) 車來也(차래야). 卑而廣者(비이광자) 徒來也(도래야). 散而條達者(산이조달자) 樵採也(초채야). 少而往來者(소이왕래자) 營軍也(영군야).

辭卑而益備者(사비이익비자) 進也(진야). 辭强而進驅者(사강이진구자) 退也(퇴야). 輕車先出居其側者(경거선출거기측자) 陳也(진야). 無約而請和者(무약이청화자) 謀也(모야). 奔走而陳兵車者(분주이진병차자) 期也(기야). 半進半退者(반진반퇴자) 誘也(유야). 倚杖而立者(의장이립자) 飢也(기야). 汲而先飮者(급이선음자) 渴也(갈야). 見利而不進者(견리이부진자) 勞也(노야).

많은 나무들이 움직이는 것은 적이 오는 것이다. 풀밭에 가로막는 게 많은 것은 의심을 하게 위함이다. 새가 날아오르는 것은, 복병이 있는 것이다. 짐승이 놀라 달아나는 것은, 수색하고 있는 것이다. 먼지가 높고 날카롭게 오르는 것은, 전차가 오는 것이요, 먼지가 낮고 넓게 깔리는 것은, 보병이 오는 것이다. 여러 곳에 흩어져 일어나는 것은, 땔나무를 하는 것이요, 적은 인원이 갔다 왔다 하는 것은, 숙영을 준비하는 것이다.

사신이 말은 겸손하면서 많이 준비를 하는 것은, 진격하려는 것이다. 말은 강경하면서 앞으로 달려 나오려는 자는, 퇴각하려는 것이다. 경전차가 먼저 나와서 양측에 서는 것은, 진영을 갖추는 것이다. 약조도 없이 강화를 청하는 것은, 모략이 있는 것이다.[28] 분주히 뛰어다니며 병력과 전차를 배치하는 것은, 전투를 기약하는 것이다. 반쯤 전진하다가 반쯤 퇴각하는 것은, 아군을 유인하려는 것이다. 지팡이를 의지해 서 있는 것은, 굶주린 것이다. 물을 길어 먼저 마시는 것은, 목마른 것이다. 이로움을 보고도 진격하지 않는 것은, 피로한 것이다.

障 가로막다	疑 의심하다
鳥 새	獸 짐승
駭 놀라다	塵 흙먼지, 티끌
銳 날카롭다	卑 낮다
廣 넓다	徒 무리, 보병
散 흩어지다	條 나뭇가지, 어떤 조건
達 다다르다, 미치다	樵 땔나무
採 캐다	少 적다
往 가다	營 경영하다, 숙영하다
辭 말, 논술	益 더하다, 증가
驅 몰다, 달리다	輕 가볍다
居 있다, 살다	側 곁, 옆
陳 늘어놓다, 펴다	約 약속하다, 묶다
請 청하다	和 화합하다, 합치다
奔 달리다	走 달리다
期 기약하다, 정하다	誘 유인하다
倚 의지하다, 무기	杖 지팡이
飢 굶주리다	汲 물을 긷다
飮 마시다	渴 목이 마르다
勞 일하다, 피로하다	

---

28 사례 : 시리아, 전쟁보다 무섭다는 내전으로 국민의 삶은 끝없이 황폐해지다

사례

시리아, 전쟁보다 무섭다는 내전으로
국민의 삶은 끝없이 황폐해지다

시리아 내전(2011년 3월~현재)은 1970년에 정권을 잡은 알아사드 부자의 40년 넘은 독재정치 퇴출을 요구하는 반정부 시위(2011)에서 시작해서 이슬람교 수니파와 시아파의 갈등, 아랍국과 서방 등 국제사회 개입, 미국과 러시아의 대리전 등으로 이어지며 현재에 이르고 있다. 내전은 같은 민족끼리 싸우고 피를 흘리는 승자 없는 게임이지만 더 심각한 문제는 적절한 해법이 없다는 것이다. 시리아 정부군은 민주화 시위에 생화학무기를 사용하여 1천여 명이 사망하는 최악의 참사(2013)를 낳기도 하였다. 시리아 내전은 종파 갈등으로 복잡하게 전개되는데 수니파가 인구 4분의 3으로 대부분이지만 시아파가 정부와 군의 요직을 모두 장악하고 있다. 시아파 맹주국인 이란은 시리아 정권을 지원하고, 사우디아라비아 등 수니파 국가들은 반군을 지원하면서 갈등이 확대되고 있다.

여기에 급진 수니파 무장단체(IS)가 시리아 북부를 점령하면서 정부군・반정부군・IS 등 3자가 대치하고 있다. 시리아 전체가 무정부 상태와 다를 바가 없게 되면서 유엔은 시리아를 내전 상태라고 인정(2012)하였다. 또한 반군을 지원하는 미국(2014)과 정부군을 지원하는 러시아(2015)가 내전에 개입하면서 대리전 양상으로까지 확대됐다. 반군 지역에 정부군의 소행으로 추정되는 생화학무기 공격으로 수십 명의 주민이 사망하는 참사(2017)가 일어났다. 이에 미국은 IS가 아닌 정부군을 처음으로 공격하였다. 시리아 내전으로 인한 사망자는 최대 60만여 명에 달한다. 시리아 난민은 인구 절반이 넘는 1,200만 명에 이르렀다. 내전은 외국 세력 등 복잡한 관계로 해결될 실마리도 찾기 어렵다. 국민들은 생필품 부족, 고물가, 일자리 부족 등 지옥 같은 고통을 계속 이어가고 있다.

시리아 지도부에서부터 국민 개개인까지 각자 다른 생각들을 하며 흩어지고 있으니 주변국들이 이를 이용하고, 그로 인해 생기는 피해와 고통은 국민들이 받고 있는 것이다.

손자를 넘어 상위 1% 사상으로 올라서기

1. 내가 시리아 대통령이라면 내전을 어떻게 종식시킬 것인가?
2. 시리아 국민이었다면 내전 종식을 위해 무엇을 할 것인가?
3. (스스로에게) 관련 내용에 대해 다른 질문을 하고 대답해보세요.

鳥集者(조집자) 虛也(허야). 夜呼者(야호자) 恐也(공야). 軍擾者(군요자) 將不重也(장불중야). 旌旗動者(정기동자) 亂也(난야). 吏怒者(사노자) 倦也(권야). 殺馬肉食者(살마육식자) 軍無糧也(군무량야). 懸瓿不返其舍者(현부불반기사자) 窮寇也(궁구야). 諄諄翕翕(순순흡흡) 徐與人言者(서여인언자) 失衆也(실중야). 數賞者(삭상자) 窘也(군야). 數罰者(삭벌자) 困也(곤야).

先暴而後畏其衆者(선포이후외기중자) 不精之至也(부정지지야). 來委謝者(내위사자) 欲休息也(욕휴식야). 兵怒而相迎(병노이상영) 久而不合(구이불합) 又不相去(우불상거) 必謹察之(필근찰지). 兵非益多(병비익다). 雖無武進(수무무진) 足以幷力料敵取人而已(족이병력료적취인이이). 夫唯無慮而易敵者(부유무려이이적자) 必擒於人(필금어인).

새가 모이는 것은, 비어 있는 것이다. 밤에 소리 지르는 것은, 겁먹은 것이다. 군이 어지러운 것은, 장수가 위엄이 없는 것이다. 깃발이 흔들리는 것은, 혼란에 빠진 것이다. 간부가 성내는 것은, 게을러져 있기 때문이다. 말을 죽여 고기를 먹는 것은, 군량이 없는 것이다. 그릇을 걸어두고 자기 막사로 돌아가지 않는 것은, 궁지에 처해 있는 것이다. 장수가 타이르듯 하여 화합하려고, 천천히 자신 없이 말하는 것은, 병사들의 신망을 잃었음이다. 자주 상을 주는 것은, 궁해졌기 때문이다. 자주 벌을 주는 것은, 어려워졌음이다.

먼저 난폭하게 한 후에 부하들을 겁내는 것은, 지극히 정교하지 못한 것이다. 사자가 와서 좋은 것을 맡기며 사죄하는 것은, 휴식을 원하는 것이다. 적군이 분노하여 서로 마주한 채, 오랫동안 전투하지 않고, 또한 떠나지 않는 것은, 반드시 삼가 살펴야 한다. 병사들이 많다고 유익한 것이 아니다. 비록 굳세게 전진하지 말고, 힘을 합하고 적을 헤아려 취하면 되는 것이다. 대체로 깊은 생각 없이 적을 가볍게 여기는 자는, 반드시 적에게 사로잡힌다. [29]

集 모이다	虛 비다, 틈, 헛점
呼 부르다	恐 두려워하다, 두려움
擾 어지럽다	亂 어지럽다, 혼란
吏 벼슬아치, 간부	怒 성내다, 화내다
倦 게으르다	糧 양식
懸 매달다	缶 작은 항아리, 그릇
返 돌아가다	寇 도둑, 난리
諄 타이르다	翕 합하다, 화합하다
徐 천천하다, 평온하다	失 잃다
數 자주	賞 상을 주다
窘 궁해지다, 막히다	罰 죄, 벌
困 괴롭다, 부족하다	暴 사납다, 난폭하다
畏 두려워하다	委 맡기다
謝 사죄하다, 용서를 빌다	休 쉬다, 휴가
息 쉬다, 호흡	迎 맞이하다, 마주하다
雖 비록	武 굳세다, 무기
足 달리다, 발	倂 어우르다, 함께 하다
料 헤아리다	夫 지아비
唯 오직, 비록 ~하더라도	擒 사로잡다

---

29 사례 : 민족의 참상 되풀이, 주변국의 먹잇감에서 떨치고 일어서야 한다

사례

민족의 참상 되풀이,
주변국의 먹잇감에서 떨치고 일어서야 한다

　임진왜란(1592)은 선조(14대 조선왕) 때에 일본의 침략으로 전 국토가 황폐화되고 인구의 33%가 사라졌다. 당시에 일본과 명나라는 조선을 양분하여 나눠 갖자고 협상까지 하였다. 그러나 이순신 장군과 전국적인 의병 활동 등으로 인해 이는 좌절되었다. 임진왜란 이후에 조선 지도부는 철저한 성찰이나 분석을 통해 비극이 재발되지 않도록 각종 제도나 장비개발 등에 국력을 모으고 개선해야 했지만 이러한 당연한 일을 등한시하였다. 그리고 왜란 이후 300여 년이 지나 청나라와 일본은 조선에 주도권을 갖겠다며 청·일전쟁(1894)을 일으켰다. 이 당시에도 조선의 지도부는 민씨 세력들로 부패하였고, 그들의 안위와 부귀만이 중요하였다. 결국 조선은 한·일합병(1910)으로 일본에게 국권을 상실하게 되었다. 3.1운동과 임시정부 등 다양한 활동으로 일본으로부터 광복(1945)을 맞이했지만 남북으로 분단되었고, 5년이 지나 또다시 6.25전쟁(1950)을 치르게 되었다. 낙동강까지 밀려 자칫 대한민국이 사라질 위기까지 직면했었다.

　조선은 500년 역사와 함께 사라졌다. 임진왜란을 겪고도 안일했던 조선 왕들과 정치인들이 그 책임의 중심에 있다고 할 것이다. 천하가 비록 평안하지만 전쟁을 잊으면 반드시 위태롭다(天下雖安 忘戰必危)는 말은 현재나 미래에도 해당되는 것이다. 모두가 안일한 태도에 머

물러 있다면 언제라도 국가에 큰 위기는 닥치게 될 것이다.

손자를 넘어 상위 1% 사상으로 올라서기

1. 대한민국이 더 이상의 비극적인 참상을 겪지 않으려면 국가의 구성원인 나는 어떻게 행동해야 하는가?
2. 가장(가정)이나 팀장(회사)도 지도자인데 내가 가장이나 팀장일 때 어떻게 해야 가정이나 회사가 번성하겠는가?
3. (스스로에게) 관련 내용에 대해 다른 질문을 하고 대답해보세요.

卒未親附(졸미친부) 而罰之(이벌지) 則不服(즉불복). 不服則難用也(불복즉난용야) 卒已親附(졸이친부) 而罰不行(이벌불행) 則不可用也(즉불가용야).

故(고) 令之以文(령지이문) 齊之以武(제지이무) 是謂必取(시위필취). 令素行(령소행) 以敎其民(이교기민) 則民服(즉민복). 令不素行(령불소행) 以敎其民(이교기민) 則民不服(즉민불복). 令素行者(령소행자) 與衆相得也(여중상득야).

병들이 아직 친하게 따르기도 전에 벌하면, 복종하지 않는다. 복종하지 않으면 즉 쓰기가 어렵다. 병들이 이미 친하게 따르는데, 벌하지 않으면, 역시 쓰지 못한다.

그러므로, 명령하는 데는 글로써 하고, 부하를 가지런함에 병법으로 하면, 이것을 반드시 승리하는 길이라 한다. 법령이 평소부터 잘 행해지면서, 그 백성을 가르치면, 백성이 따른다.[30] 법령이 평소에 잘 행해지도 않으면서, 백성을 가르치면, 백성은 따르지 않는다. 법령이 평소부터 잘 행해지는 것은, 백성들과 더불어 서로 이득이 되는 것이다.

未 아직, 아니다	附 따르다, 붙다, 기대다
服 복종하다, 옷, 의복	難 어렵다
已 이미	文 글, 문자
齊 가지런하다, 갖추다	武 병법, 무기
素 평소	敎 가르치다

---

30   사례 : 스페인 무적함대, 영원히 지속되는 것은 없으며 자만에 의해 무너지다

사례

스페인 무적함대,
영원히 지속되는 것은 없으며 자만에 의해 무너지다

　스페인 무적함대는 펠리페 2세가 만든 함대로 칼레해전(1588)에서 영국에게 패하면서 해상의 패권이 쇠퇴의 길로 들어선다. 15세기 후반 스페인(에스파냐)은 광대한 식민지와 많은 귀금속 등으로 번성하였다. 펠리페 2세 때에는 지중해의 패권, 포르투갈 합병 등 세력이 절정에 달했다. 하지만 당시 영국(엘리자베스)은 스페인 상선 대열을 습격하여 피해를 입히며 도전해왔고, 스페인 무적함대는 영국을 공격하기 위해 출병했다. 무적함대는 배(130여 척)와 대포(2,500문) 등을 보유했고, 영국은 190여 척의 배였지만 주로 소형 배였다. 무적함대는 1천 톤이 넘는 전함, 병력과 쇠붙이로 가득 차 육중한 반면, 영국 전함은 가벼워 쉽게 움직일 수 있고, 장거리 사격에서 무적함대를 압도하였다.

　영국 전함들이 쏜살같이 돌진하여 포를 쏘아대고, 스페인의 함대가 육중한 포문을 돌리기 전에 재빠르게 도망쳐 나오면서 무적함대의 전열을 혼란시켰다. 스페인 무적함대의 공격은 영국 배에 근접하여 갈고리로 배를 당겨 판자를 놓은 다음 칼을 든 병사들이 배에 올라타 싸우는 것이었다. 하지만 영국 전함은 속도가 빨라 멀리서 무적함대에 포를 쏘며 포탄을 맞고 달아난 무적함대들을 뒤쫓아 격퇴하였다. 무적함대는 힘없이 무너져 내렸다.

　무적함대가 영국과의 전투에서 얼마나 과신하고 자만했는지 전투하기 이전에 작전 계획서를 팔았다는 것이다. 영국군은 이를 통해 작전, 장비 등을 사전에 알고 대비할 수 있었다. 칼레해전이 벌어진 칼레항구는 무적함대가 전투하기에는 수심이 얕았고, 대형 선박을 정박시키기도 위험해서 적합하지 않았다. 반면에 영국군은 멀리까지 포격할 수 있도록 포를 작게 만들었는데, 당시 기술로는 무거우면서 멀리까지 포탄을 날리기는 어려웠다.

전쟁의 승리는 과거 실적에 대한 과신, 자만이 아니라 상대 전력을 냉철하게 비교하여 상대의 강약점에 대한 대응책 등을 복합적으로 계산하여 전략을 구사해야 가능하다. 싸움에 승리했어도 내가 만신창이가 된다면 의미가 있겠는가.

손자를 넘어 상위 1% 사상으로 올라서기

1. 내가 스페인 무적함대 수장이라면 영국군과 어떻게 전투를 준비했을까?
2. 스페인 펠리페 2세는 영국군과의 전투에서 무슨 이유로 승리를 확신했을까?
3. (스스로에게) 관련 내용에 대해 다른 질문을 하고 대답해보세요.

第十

―――

地形篇
(지형편)

孫子曰(손자왈) 地形(지형) 有通者(유통자) 有挂者(유괘자) 有支者(유지자) 有隘者(유애자) 有險者(유험자) 有遠者(유원자). 我可以往(아가이왕) 彼可以來(피가이래) 曰通(왈통). 通形者(통형자) 先居高陽(선거고양) 利糧道以戰則利(리량도이전즉리). 可以往(가이왕) 難以返(난이반) 曰挂(왈괘). 挂形者(괘형자) 敵無備(적무비) 出而勝之(출이승지) 敵若有備(적약유비) 出而不勝(출이불승) 難以返(난이반) 不利(불리).

我出而不利(아출이불리) 彼出而不利(피출이불리) 曰支(왈지). 支形者(지형자) 敵雖利我(적수리아) 我無出也(아무출야). 引而去之(인이거지) 令敵半出而擊之利(령적반출이격지리).

손자가 말하기를, 지형에는, 통형(통하는 곳), 괘형(걸리는 곳), 지형(버티는 곳), 애형(좁은 곳), 험형(험한 곳), 원형(먼 곳)이 있다. 내가 갈 수 있고, 적도 오기 쉬운 곳이 통형이다. 통형에서는, 먼저 높은 양지바른 곳에 위치하여, 식량의 보급로를 이롭게 하여 싸우면 이롭다. 가기는 쉬우나, 돌아오기가 어려운 곳이 괘형이다. 괘형에서는, 적의 대비만 없으면, 나아가 이길 수 있고, 만약 적의 대비가 있어서, 나아가 이기지 못하면, 되돌아오기 어려워서, 불리하다.[31]

내가 나아가도 이로움이 없고, 적이 나아가도 이로움이 없는 곳이 지형이다. 지형에서는, 적이 비록 나에게 이롭게 하더라도, 나가지 않

---

31 사례 : 귀주대첩, 거란군을 포위 섬멸전으로 전멸시키다

는다. 적을 유인하면서 물러나, 적으로 하여금 반쯤 나오게 한 후 이를 공격하면 유리하다.

地形 지형(땅)의 모양	通 통하다, 왕래하다
挂 걸리다, 나누다	支 지탱하다, 가르다
隘 좁다, 험하다	險 험하다
遠 멀다	往 가다
彼 저 사람, 그이	糧道 식량 보급로
難 어렵다	若 만약
雖 비록, ~하더라도	引 끌다, 유인하다
令 명령, ~하여금	半 절반
擊 치다, 나아가다	

사례

귀주대첩,
거란군을 포위 섬멸전으로 전멸시키다

　귀주대첩(1019년 2월 1일)은 강감찬 등 21만여 명의 고려군이 귀주에서 소배압 등 10만여 명의 거란군을 섬멸한 전투이다. 거란군의 소배압은 고려 수도 개경만 함락하면 승리할 수 있을 것으로 판단하여 주변 성들은 공격하지 않고 개경을 향해 공격해갔다. 거란군은 기병을 토대로 뛰어난 기동성을 가지고 있었다. 고려는 백성들에게 모든 식량을 갖고서 성 안으로 피신하여 거란군이 현지에서 식량 보급을 할 수 없도록 하여 굶주림과 피로에 지치게 하려는 청야전술을 사용하였다. 강감찬은 거란군을 여기저기서 기습하여 정신 없도록 만들었다. 홍화진, 마탄진 등에서 거란군을 격파하는 등 그들의 전력을 약화시켜 나갔다. 거란군은 개경 근처까지 왔지만 철통같은 개경의 성벽, 쌀 한 톨 없는 폐허, 계속되는 고려군의 기습공격, 후방이 건재한 고려군으로 인한 보급선 위협과 현지조달 실패 등으로 개경 공격을 포기하고 퇴각하기로 결정했다. 소배압은 퇴각할 때 귀주를 지날 수밖에 없었고, 고려군은 다른 퇴각로를 모두 막고 거란군을 귀주로 몰아갔다. 강감찬은 전략적 요충지인 귀주로 고려군을 총집결시켰다. 귀주에서 고려군과 거란군의 대전투가 시작되었고, 전투가 절정일 때 뒤늦게 도착한 김종현 부대(1만 명)가 거란군 후방에 기습 돌격하여 거란군을 혼란스럽고 당황하게 만들었다. 바람까지 화살 방향으로 불어주면서 포위된 거란군은 최악의 상황으로 내몰리며 섬멸되었다. 거란군은 소배압 등 2천여 명만이 겨우 살아 돌아갈 수 있었다.

거란군은 주변 성들을 그대로 두고 고려 개경을 직접 공격하였는데 개경을 함락하지 못했을 경우에 대한 대비가 미흡했다. 전쟁에서 한 치의 오차도 철저히 준비해야 함을 보여주는 좋은 사례라고 본다.

손자를 넘어 상위 1% 사상으로 올라서기

1. 내가 거란군 장수(소배압)였다면 고려와 어떻게 전투하였을까?
2. 소배압은 강동 6주 등을 그대로 둔 채로 개경으로 직접 공격해 들어갔는데, 소배압의 전술에 대해 어떻게 생각하는가?
3. (스스로에게) 관련 내용에 대해 다른 질문을 하고 대답해보세요.

隘形者(애형자) 我先居之(아선거지) 必盈之以待敵(필영지이대적) 若敵先居之(약적선거지) 盈而勿從(영이물종) 不盈而從之(불영이종지). 險形者(험형자) 我先居之(아선거지) 必居高陽以待敵(필거고양이대적). 若敵先居之(약적선거지) 引而去之(인이거지) 勿從也(물종야). 遠形者(원형자) 勢均難以挑戰(세균난이도전) 戰而不利(전이불리).

凡此六者(범차육자) 地之道也(지지도야) 將之至任(장지지임) 不可不察也(불가불찰야). 故(고) 兵(병) 有走者(유주자) 有弛者(유이자) 有陷者(유함자) 有崩者(유붕자) 有亂者(유란자) 有北者(유배자).

凡此六者(범차육자) 非天地之災(비천지지재) 將之過也(장지과야). 夫勢均(부세균) 以一擊十(이일격십) 曰走(왈주). 卒強吏弱(졸강리약) 曰弛(왈이). 吏強卒弱(리강졸약) 曰陷(왈함). 大吏怒而不服(대리노이불복) 遇敵懟而自戰(우적대이자전) 將不知其能(장부지기능) 曰崩(왈붕).

애형에서는, 내가 먼저 위치하여, 반드시 군사를 채우고 나서 적을 맞이하고, 만약 적이 먼저 위치하여, 충분히 배치했으면 나아가지 말고, 충분히 배치되지 않았으면 나아간다. 험형에서는, 내가 먼저 위치하면, 높고 양지바른 곳에 위치하여, 적을 기다리고, 만일 적이 먼저 위치했으면, 군사를 이끌고 물러나야지, 쫓아가서는 안 된다. 원형에서는, 기세(세력)가 균등하여 싸움을 걸기가 어려우니, 먼저 싸우면 불리하다.

　무릇 이 여섯 가지는, 지형의 활용법으로, 장수의 중요한 임무이니 깊이 살펴야 한다. 그리고, 군대에는, 주병, 이병, 함병, 붕병, 난병, 배병이 있다.

　무릇 이 여섯 가지는, 천지의 재앙이 아니라, 장수의 잘못이다. 무릇 세력이 비슷한데, 1로써 10을 공격하면 주병이다. 병사는 강하고 간부가 약하면 이병이다. 간부는 강하고 병사가 약하면 함병이다. 고위 간부가 성을 내고 부하들이 복종하지 않고, 적을 만나면 원망하며 제멋대로 싸우고, 장수가 그의 능력(상태)을 알지 못하면[32] 붕병이다.

盈 차다, 그릇에 가득 차다	待 기다리다
勿 말다, 아니다	從 쫓다, 나아가다
勢 기세, 세력	均 고르다, 조화를 이루다
挑 걸다, 돋우다	任 맡은 일, 맡다
至 지극히, 이루다	走 달아나다, 달리다
弛 없애다, 늦추다	陷 빠지다, 추락하다
崩 무너지다	亂 어지럽다
北 달아나다, 북녘	災 재앙
過 잘못	大吏 고위간부
遇 만나다	懟 원망하다
自戰 제멋대로 싸우다	能 능력

32　사례 : 위화도 회군, 요동정벌의 기회는 잃고 이성계는 손쉽게 권력을 거머쥐다

사례

위화도 회군, 요동정벌의 기회는 잃고 이성계는 손쉽게 권력을 거머쥐다

최영(1316~1388)과 이성계(1355~1408)는 고려 말기 신흥 무인세력으로 홍건적과 왜구들이 자주 출몰하여 약탈, 살인 등을 저지르자 이들을 격퇴하고 국방의 위기를 극복했던 인물들이다. 고려 우왕 때에 권문세족이 양민의 토지 약탈 등으로 민심이 흉흉하자 최영은 이성계 등 신흥 무인과 신진사대부의 지원을 받아 권문세족(이인임 등)을 내쫓고 정치권력을 장악했다. 이때 원을 몰아낸 명나라는 고려 영토인 철령 이북땅에 철령위를 설치하여 명나라의 관할에 두었다. 고려는 예로부터 고려의 땅이라고 결사반대했지만 명나라는 막무가내였다. 이에 우왕과 최영은 요동정벌을 추진하고, 이성계는 명분과 시기가 적합하지 않아서 불가론를 주장했지만, 결국 조민수와 이성계를 좌·우군도통사로 하여 5만의 요동정벌군은 출병했다.

이성계는 위화도에 주둔한 채 일부 선발부대로만 몇 차례 적진을 공략했을 뿐 본대는 공격하지 않았다. 이때 장마로 압록강 물이 불어나자 이성계는 강력하게 회군을 요청했지만 우왕과 최영은 계속 진군을 명했다. 하지만 이성계는 요동정벌은 승산이 없고 진군도 불가능하다고 판단하여 위화도에서 회군하여 신속히 개경으로 밀고 들어와 최영을 유배하고 우왕을 폐위시켜 정권을 장악하였다.

당시 요동정벌은 여러 상황들을 종합해보면 허황된 작전이라 볼 수 없었다. 명나라는 큰소리를 치며 고려를 압박했지만 내부 사정은 복잡했다. 명나라 초기 수도는 양쯔강 하류의 난징으로 주력부대는 만주와는 멀리 떨어져 있어 고려군이 공격했을 때 즉시 투입하기에는 부담이 많았다. 내부적으로 태자들의 권력투쟁이 있어 군대를 쉽사리 착출할 수도 없었으며, 만주 일대 명나라군은 몽골과도 대치하고 있었기에 고려군이 요동을 공격할 경우 총력전을 벌일 가능성은 높지 않았다. 이러한 상황에서 최영의 요동정벌은 승산이 충분히 있었던 것이다. 하지만 우왕과 최영은 요동정벌을 떠났던 이성계가 위화도에서 회군하여 개경을 공격하리라고는 전혀 예상하지 못했다.

손자를 넘어 상위 1% 사상으로 올라서기

1. 내가 최영이었다면 어떤 작전으로 요동 지역을 정벌하였을까?
2. 내가 이성계였다면 위화도 회군을 하지 않고 어떻게 요동정벌을 하였을까?
3. (스스로에게) 관련 내용에 대해 다른 질문을 하고 대답해보세요.

將弱不嚴(장약불엄) 敎道不明(교도불명) 吏卒無常(리졸무상) 陣兵縱橫(진병종횡) 曰亂(왈란). 將不能料敵(장불능료적) 以少合衆(이소합중) 以弱擊强(이약격강) 兵無選鋒(병무선봉) 曰北(왈배).

凡此六者(범차육자) 敗之道也(패지도야) 將之至任(장지지임) 不可不察也(불가불찰야). 夫地形者(부지형자) 兵之助也(병지조야). 料敵制勝(요적제승) 計險阨遠近(계험액원근) 上將之道也(상장지도야). 知此而用戰者(지차이용전자) 必勝(필승). 不知此而用戰者(부지차이용전자) 必敗(필패).

故戰道必勝(고전도필승) 主曰無戰(주왈무전) 必戰可也(필전가야). 戰道不勝(전도불승) 主曰必戰(주왈필전) 無戰可也(무전가야). 故進不求名(고진불구명) 退不避罪(퇴불피죄) 惟民是保(유민시보) 而利於主(이리어주) 國之寶也(국지보야).

장수가 약하여 엄하지 못하고, 이치를 가르침이 분명치 못하며, 간부와 병사 간에 일정한 법도가 없고, 전투대형이 종횡으로 어지러우면 난병이다. 장수가 적을 잘 헤아리지 못하고, 적은 병력으로 많은 적과 맞서게 하고, 약한 병력으로 강한 적을 공격하여, 부대에 선봉부대가 없으면 배병이다.

무릇 이 여섯 가지는, 패배하는 길이며, 장수의 중요한 임무이니, 살피지 않을 수 없다. 무릇 지형은, 용병을 돕는 것이다. 적을 헤아려 승리 태세를 만들고, 지형의 험함과 좁음, 멀고 가까움을 헤아리는 것은, 상장군의 도리이다. 이를 알고 전투에 이용하면 반드시 승리하고, 이를 알지 못하고 전투하면, 반드시 패배한다.³³

그러므로 전쟁의 법도에서 반드시 승리할 때는, 임금이 싸우지 말라고 하더라도, 반드시 싸우는 것이 가하다. 전쟁에서 승리할 수 없을 때는, 임금이 싸우라고 해도, 싸우지 않는 것이 가하다. 그러므로 진격함에 명예를 구하지 않고, 물러섬에 죄를 피하지 않으며, 오직 백성을 보호하고, 임금을 이롭게 하는 자는, 나라의 보배이다.

弱 약하다	嚴 엄하다
敎道 이치를 가르치다	明 분명하다, 밝다
常 법도, 항상	陣兵 전투대형
縱 세로, 늘어지다	橫 가로, 가로지르다
料 헤아리다	選 좋다, 가리다
鋒 날카로운 기세, 칼끝	選鋒 맨앞에서 작전수행 부대
敗 지다, 부서지다, 패배	助 돕다
計 헤아리다, 계략, 꾀	阨 좁다, 험하다
主 임금, 주인, 주요한	名 명예, 이름
罪 죄, 허물	惟 오직
保 보호하다	寶 보배

---

33 사례 : 제갈량의 읍참마속과 6.25전쟁의 현리전투, 하나의 지형으로 실패하다

사례

제갈량의 읍참마속과 6.25전쟁의 현리전투, 하나의 지형으로 실패하다

❶ 제갈량의 읍참마속은 부하 마속을 울면서 벤다는 뜻으로 대의를 위해서라면 최측근도 주저 없이 제거하는 권력의 과단성을 일컫는다. 삼국지 촉나라의 제갈량은 위나라를 정벌하기 위해 일전을 준비하고 있었다. 이때 제갈량의 가장 큰 걸림돌은 보급로의 요충지인 가정을 위나라군의 기습공격으로부터 어떻게 지켜내느냐였다. 이때 병서에 능한 젊은 장수인 마속이 맡게 되었고, 제갈량은 가정을 잃게 되면 이번 출정은 헛일이고 회군해야 한다며 지형지물을 이용해 길을 굳게 지키라고 신신당부했다. 그러나 가정에 도착한 마속은 제갈량의 작전은 현실성이 떨어진다고 생각하여 산 위에 진을 쳤고 적을 기다렸다. 위나라군은 공격하지 않고 산을 포위한 채 시간만 끌고 있었는데 마속의 부대는 식량과 식수가 바닥나자 위나라의 포위망을 뚫으려고 했지만 대부분은 죽고 가정을 적에게 내어주게 되었다. 이로써 제갈량의 작전은 물거품이 되고, 군대를 돌려야만 했다. 그리고 명령을 어긴 마속은 참수형에 처했다.

❷ 3군단(3·9사단)은 6.25전쟁 때에 강원도 현리 지역 방어를 책임지고 있었고, 이때 현리전투(1951년 5월)에서 오마치 고개의 지형으로 인해 최악의 패전을 당했다. 후방에 위치한 오마치 고개는 군단의 전

후방 도로를 이어주는 핵심 지역으로 이곳이 적에게 넘어가면 군단이 포위되어 큰 위협에 직면하는 중요한 곳이었다. 그래서 오마치 고개에 대해 철통같은 방어를 해야 했지만 인접 부대들과의 협조가 원활하지 않아 등한시해 버렸다. 이에 중공군 대대 규모는 우회침투하여 오마치 고개를 손쉽게 점령해버렸고 유일한 후방 통로를 상실한 3군단은 소총과 물자 등을 포기하고 무질서하게 철수하다가 많은 병력과 장비들의 피해를 입었다. 결국 3군단이 해체되는 비극을 낳았다.

손자를 넘어 상위 1% 사상으로 올라서기

1. 내가 제갈량이었다면 보급로의 요충지인 가정을 어떻게 방어하였을까?
2. 내가 3군단장이었다면 오마치 고개를 어떻게 방어하였을까?
3. (스스로에게) 관련 내용에 대해 다른 질문을 하고 대답해보세요.

視卒如嬰兒(시졸여영아) 故可與之赴深谿(고가여지부심계). 視卒如愛子(시졸여애자) 故可與之俱死(고가여지구사). 厚而不能使(후이불능사) 愛而不能令(애이불능령) 亂而不能治(난이불능치) 譬如驕子(비여교자) 不可用也(불가용야).

知吾卒之可以擊(지오졸지가이격) 而不知敵之不可擊(이부지적지불가격) 勝之半也(승지반야). 知敵之可擊(지적지가격) 而不知吾卒之不可以擊(이부지오졸지불가이격) 勝之半也(승지반야). 知敵之可擊(지적지가격) 知吾卒之可以擊(지오졸지가이격) 而不知地形之不可以戰(이부지지형지불가이전) 勝之半也(승지반야).

故知兵者(고지병자) 動而不迷(동이불미) 擧而不窮(거이불궁). 故曰(고왈) 知彼知己(지피지기) 勝乃不殆(승내불태). 知天知地(지천지지) 勝乃可全(승내가전).

병사 돌보기를 어린아이 돌보듯이 하면, 가히 함께 깊은 골짜기도 나아갈 수 있다. 병사 돌보기를 사랑하는 자식같이 하면, 가히 함께 죽을 수 있는 것이다. 후하게 한다고 일을 시키지 못하고, 사랑한다고 명령을 내리지 못하며, 어지러워도 다스릴 수 없다면, 마치 교만한 자식같아서, 쓸 수가 없다.³⁴

나의 군사로 공격해도 된다는 것은 알고, 적을 공격해서는 안 된다

---

34 사례 : 가정(家庭), 누구에게나 삶의 안식처이지만 큰 불행을 낳기도 한다

는 것을 모르면, 승리는 반이다. 적을 공격해도 가능하다는 것은 알고, 나의 군사로는 공격해서는 안 된다는 것을 모르면, 승리는 반이다. 적을 공격해야 함을 알고, 나의 군사로도 공격이 가능함을 알아도, 싸울 수 없는 지형임을 알지 못하면, 승리는 반이다.

그러므로 용병을 아는 자는, 움직여도 혼란하지 않고, 군사를 움직여도 막힘이 없다. 그러므로 말하기를, 적를 알고 나를 알면, 승리함에 위태하지 않고, 하늘을 알고 땅을 알면, 승리함에 가히 온전해질 수 있다.

視 돌보다	嬰 갓난아이
兒 아이	嬰兒 어린아이
赴 나아가다	谿 계곡, 골짜기
愛 사랑하다	俱 함께
厚 후하다, 두텁게 하다	使 시키다, 하여금
令 명령	亂 어지럽다
治 다스리다	譬 비유하다
驕 교만하다, 버릇없다	半 반, 절반
動 움직이다	迷 헤매게 하다, 정신 못 차림
擧 들다, 움직이다	窮 막히다, 다하다
乃 이에	殆 위태하다, 위태로워하다
全 온전하다	

사례

가정(家庭), 누구에게나 삶의 안식처이지만 큰 불행을 낳기도 한다

서울의 한 가정에서 발생한 사건(1994)으로 강남의 한 주택에서 화재가 발생하여 확인해보니 그곳에서 살고 있던 박씨 부부는 처참하게 살해되어 있었다. 최초로 신고한 사람은 첫째아들(23세)이었고, 부모를 살해한 이 또한 첫째아들로 밝혀져 사회에 큰 충격을 주었다. 한 가정에서 이런 끔찍한 사고가 발생했던 경위에 대해 모두들 궁금해하였다.

아버지는 한약상으로 수백억대 부자이자 교회 장로였으며, 교회에서 학생부장을 맡았고, 아들은 학생부 회장으로 신앙생활을 하였다. 부모는 아들이 한의대에 입학하여 자신의 과업을 이어가길 바랬다. 하지만 아들은 한의대에 못 가고 지방대에 입학하여 방탕한 생활을 하기 시작했다. 남동생이 한의대에 입학하자 오히려 열등감에 빠져 부모에 반하는 행동들을 했다. 더 이상 두고 볼 수 없었던 부모는 첫째아들을 미국으로 유학을 보냈지만 음주가무, 도박에 빠져 지내자 송금을 끊어버렸고 2년 만에 국내로 복귀했다. 아들은 귀국해서 거액의 사채들을 쓰며 부모와 수차례 다투었고 갈등은 커져갔다. 아버지는 '너는 내 아들이 아니니 호적을 파가라.' 등 막말을 해가며 분노하였다. 이때 아들은 부모를 죽여 부모의 재산을 가지고 멋지게 살아보겠다는 막장 계획을 세우고 40여 곳을 찔러 부모를 살해했다. 그는 부모 살해에 대해 반성의 기미도 없었고 사형수로 복역 중에 있다.

자신이 낳은 아들에게 비참하게 죽는다면 숨이 멎기까지 몇 분 동안 얼마나 원통하고 서글프겠는가. 하지만 되돌릴 수 없는 순간이자 시간이다. 자식들은 가정 내에서 부모 행동과 말들을 통해 자연스레 생활습관화가 된다. 먹고살기도 힘든 가정, 병치레 돈 걱정 가정 등 다양한 가정이 있다. 가정 내에서 하루하루 얼굴을 맞대고 살아가기 조차도 쉽지 않을 수 있다. 하지만 공짜로 줄 수 있고, 황금보다 더 좋은 것이 있으니 그것은 바로 자식에 대한 존중과 배려, 따스한 말 한마디, 참고 기다려주는 것 등이다. 여러분의 가정에 기적이 일어날 것이다.

손자를 넘어 상위 1% 사상으로 올라서기

1. 내가 가장이라면 어떻게 행동하고 자식들과 의사소통할 것인가?
2. 내가 자식이라면 어떻게 행동하고 부모와 의사소통할 것인가?
3. (스스로에게) 관련 내용에 대해 다른 질문을 하고 대답해보세요.

第十一

九地篇
(구지편)

孫子曰(손자왈) 用兵之法(용병지법) 有散地(유산지) 有輕地(유경지) 有爭地(유쟁지) 有交地(유교지) 有衢地(유구지) 有重地(유중지) 有圮地(유비지) 有圍地(유위지) 有死地(유사지). 諸侯自戰其地者(제후자전기지자) 爲散地(위산지). 入人之地而不深者(입인지지이불심자) 爲輕地(위경지). 我得亦利(아득역리) 彼得亦利者(피득역리자) 爲爭地(위쟁지). 我可以往(아가이왕) 彼可以來者(피가이래자) 爲交地(위교지). 諸侯之地三屬(제후지지삼속) 先至而得天下之衆者(선지이득천하지중자) 爲衢地(위구지). 入人之地深(입인지지심) 背城邑多者(배성읍다자) 爲重地(위중지). 山林險阻沮澤(산림험조저택) 凡難行之道者(범난행지도자) 爲圮地(위비지).

所由入者隘(소유입자애) 所從歸者迂(소종귀자우) 彼寡可以擊吾之衆者(피과가이격오지중자) 爲圍地(위위지). 疾戰則存(질전즉존) 不疾戰則亡者(부질전즉망자) 爲死地(위사지).

손자가 말하기를, 용병의 법에는, 산지, 경지, 쟁지, 교지, 구지, 중지, 비지, 위지, 사지가 있다. 제후가 스스로 자신의 땅에서 싸우면, 산지이고, 적국에 들어가되 깊이 들어가지 않으면, 경지라고 한다. 내가 얻어도 유리하고, 적이 얻어도 유리하면, 쟁지이다. 나도 갈 수 있고, 적도 올 수 있는 곳은 교지이다.

제후의 땅이 세 나라에 붙어 있어서, 먼저 가서 얻으면, 천하의 무리(백성)를 얻을 수 있는 곳이, 구지이다. 적국 깊이 들어가, 배후에 적의 성읍을 등진 곳이 많이 있는 곳이, 중지이다. 산림, 험한 지형, 소택지 등, 무릇 지나는 길이 어려운 곳이, 비지이다.

들어오는 곳이 좁고, 돌아 나가는 곳이 구불구불하여, 적은 병력으로 나의 많은 병력을 공격할 수 있는 곳이 위지이다.[35] 서둘러 싸우면 살고, 서둘러 싸우지 않으면 죽는 곳이, 사지이다.

散 흩어지다, 헤어지다	輕 가볍다, 업신여기다
爭 다투다	交 주고받고 하다, 사귀다
衢 네거리, 도로	重 무겁다
圮 무너지다, 무너뜨리다	圍 둘러싸다, 포위하다
死 죽다	亦 또한, 역시
往 가다	屬 붙다, 엮다, 모으다
衆 무리, 많은 사람	城邑 성(도읍)과 읍(고을)
山林 산과 숲	險阻 험한 지형
沮澤 소택지	由 말미암다, ~에서
從 쫓다, 나아가다	歸 돌아가다
迂 구불구불하다, 굽히다	寡 적다
擊 치다, 공격하다	疾 서둘러, 질병

---

35 사례 : 테르모필레 협곡전투, 수백 배의 대군을 맞아 병력의 열세를 극복하다

사례

테르모필레 협곡전투,
수백 배의 대군을 맞아 병력의 열세를 극복하다

BC 480년, 스파르타(레오니다스왕) 등 그리스 연합군 5천여 명은 페르시아군의 백만여 명을 막아내기 위해 매우 좁은 협곡인 테르모필레라는 지역을 택했다. 백만여 명의 페르시아 군대에 비해 압도적인 열세였던 그리스 연합군대는 이 협곡에서 후위대가 궤멸되기까지 사흘간이나 페르시아군을 막아냈다. 현대에 이르기까지 테르모필레 협곡의 전투를 일컬어 조국을 지키려는 용기의 상징이자 애국적인 군대의 위력을 보여주는 사례로 일컫는다. 또 이 전투는 지형의 이점을 이용하여 무기와 훈련을 연계시킴으로써 현재의 전력을 증가시키고, 약점을 극복하며, 어떻게 싸워야 하는지에 대해 잘 보여주고 있다. 영화로 만들어져 많은 이들에게 감명을 주었던 영화 「300」에서는 현실감 있게 잘 묘사되어 있다.

인접해 있는 국가의 위력이 강할 때 위기는 찾아온다. 일제강점기를 통해 몸소 체험을 했다. 민족번영을 누리기 위해서 사전에 무엇을 준비하고 갖추어야 하는지, 상대에게 짓밟히지 않을 만큼의 최소한의 대비는 최고의 우선순위로 해야 한다. 테르모필레 협곡의 전투는 용감하였지만 모두 전멸하였다.

손자를 넘어 상위 1% 사상으로 올라서기

1. 상대해야 할 적과의 전력 차이가 많이 날 경우에 대비하는 방법은 무엇일까?
2. 마주한 적과 수십 배의 병력 열세를 극복하는 방법에는 무엇이 있겠는가?
3. (스스로에게) 관련 내용에 대해 다른 질문을 하고 대답해보세요.

是故(시고) 散地則無戰(산지즉무전) 輕地則無止(경지즉무지) 爭地則無攻(쟁지즉무공) 交地則無絶(교지즉무절) 衢地則合交(구지즉합교) 重地則掠(중지즉략) 圮地則行(비지즉행) 圍地則謀(위지즉모) 死地則戰(사지즉전).

所謂古之善用兵者(소위고지선용병자) 能使敵人(능사적인) 前後不相及(전후불상급) 衆寡不相恃(중과불상시) 貴賤不相救(귀천불상구) 上下不相扶(상하불상부) 卒離而不集(졸리이부집) 兵合而不齊(병합이부제) 合於利而動(합어리이동) 不合於利而止(불합어리이지). 敢問(감문) 敵衆整而將來(적중정이장래) 待之若何(대지약하) 曰先奪其所愛則聽矣(왈선탈기소애즉청의). 兵之情主速(병지정주속) 乘人之不及(승인지불급) 由不虞之道(유불우지도) 攻其所不戒也(공기소불계야).

이런 까닭에, 산지에서는 싸우지 말고, 경지에서는 머무르지 말고, 쟁지에서는 공격하지 말고, 교지에서는 연락이 끊이지 않도록 하고, 구지에서는 사귐에 어긋남이 없도록 하고, 중지에서는 노략질하여 현지 조달에 힘쓰고, 비지에서는 빨리 지나가고, 위지에서는 계책을 도모하고, 사지에서는 싸워야 한다.

이른바 용병을 잘하는 자는, 적으로 하여금, 앞과 뒤가 서로 미치지 못하게 하고, 대부대와 소부대가 서로 믿지 못하게 하고, 장교와 사병이 서로 구해주지 못하게 하고, 상하가 서로 돕지 못하게 하고, 병사가 흩어져 모이지 못하게 하고, 집결되어도 정연하지 못하게 한다. 이익에 맞으면 움직이고, 이익에 맞지 않으면 정지하는 것이다.³⁶ 감히 묻건대, 적이 많은 병력으로 정연한 태세로 오면, 만약 어떻게 대비하겠는가, 대답하길 우선 적이 아끼는 것을 빼앗으면 나의 말을 듣게 될 것이다. 군사작전의 으뜸은 신속함이니, 적이 미치지 못하는 틈을 타서 헤아리지 못한 길을 경유하여, 경계하지 않는 곳을 공격해야 한다.

止 머무르다, 정지하다	絶 끊다, 없애다
合 어긋남이 없다, 합하다	交 사귀다, 서로, 교차하다
交合 사귐에 어긋남이 없다	掠 노략질하다
謀 계책, 권모술수, 도모하다	所 바, 일정한 곳이나 지역
謂 이르는바, 이르다	所謂 이른바
使 하여금	及 미치게 하다, 끼치다
恃 믿다	貴 귀하다, 신분이 높다
賤 천하다, 신분 낮은 사람	扶 돕다
離 떼놓다, 흩어지다	齊 가지런하다, 정연하다
敢 감히	問 묻다
整 가지런하다, 정연하다	待 기다리다, 대비하다
若 만일, 같다	何 어찌, 무엇
奪 빼앗다	聽 듣다
情 뜻, 본성	情主 주요한 뜻, 으뜸
速 빠르다	乘 타다
由 말미암아, ~경유하여	虞 헤아리다, 염려하다
戒 경계하다	

---

36 사례 : 영원한 친구도 영원한 적도 없다. 국제관계는 이익에 따라 수시 변한다

사례

영원한 친구도 영원한 적도 없다.
국제관계는 이익에 따라 수시 변한다

   국제관계는 필요에 따라 이익을 취하고, 상황이 바뀌면 기존의 관계도 변하는 경우가 많았다. 도리와 명분도 중요하지만 이익에 따라 좌우되었던 것이다.

   ❶ 일본과 미국은 현재 가장 가까운 우방국이다. 과거 일본은 미국의 무력에 굴복하여 문호를 개방(1854)하였고, 대한제국과 필리핀에 대한 지배권을 놓고 상호 이익을 추구(1905, 가쓰라태프트 협약)하였다. 그 협약의 주요 내용은 '일본은 미국의 필리핀에 대한 통치상의 안전을 보장하고, 미국은 일본의 대한제국에 대한 보호권 확립을 인정한다.'는 것이다. 그러나, 일본의 진주만 공습(1941)으로 양국은 전쟁을 치렀고, 수많은 인명 피해와 참상을 겪었다. 미국은 세계 유일하게 일본에게 핵폭탄 공격을 하여 일본으로부터 무조건 항복을 받아냈다(1945). 이렇듯 미국과 일본은 자국의 이익에 따라 상호관계를 변화시켰던 것이다.

   ❷ 미국과 베트남과의 관계도 마찬가지이다. 미국은 전쟁에서 베트남에게 유일하게 패했다. 미군은 남베트남에 주둔(1962~1973)하며 북베트남을 공격(1964)하였다. 전쟁에서 많은 희생자와 전쟁물자들을 투

입했음에도 승리하지 못하고 미국 내의 반전여론 등으로 정전협정을 체결(1973)하고 철수하였다. 북베트남이 승리하여 베트남으로 통일하게 된다. 이후 미국과 베트남은 양국관계를 정상화(1995)하며 현재에 이르고 있다.

사례에서 보듯이 전쟁을 통해 수많은 사상자를 냈음에도 불구하고 과거의 적이 현재의 친구가 된 것이다. 어찌 보면 국제관계는 약육강식의 논리에 따라 움직이고 있다.

손자를 넘어 상위 1% 사상으로 올라서기

1. 내가 리더라면 주변 국가별로 관계를 어떻게 형성할 것인가?
2. 일제강점기 같은 치욕을 겪지 않으려면 지금 당장 무엇을 해야 되는가?
3. (스스로에게) 관련 내용에 대해 다른 질문을 하고 대답해보세요.

凡爲客之道(범위객지도) 深入則專(심입즉전) 主人不克(주인불극) 掠於饒野(략어요야) 三軍足食(삼군족식) 謹養而勿勞(근양이물로) 幷氣積力(병기적력) 運兵計謀(운병계모) 爲不可測(위불가측) 投之無所往(투지무소왕) 死且不北(사차불배) 死焉不得 士人盡力(사언부득사인진력). 兵士甚陷則不懼(병사심함즉불구) 無所往則固(무소왕즉고) 深入則拘(심입즉구) 不得已則鬪(부득이즉투).

是故(시고) 其兵不修而戒(기병불수이계) 不求而得(불구이득) 不約而親(불약이친) 不令而信(불령이신). 禁祥去疑(금상거의) 至死無所之(지사무소지). 吾士無餘財(오사무여재) 非惡貨也(비오화야) 無餘命(무여명) 非惡壽也(비오수야).

무릇 원정작전의 요령은, 깊이 들어가면 굳게 뭉치게 되어, 적이 이기지 못하는 것이니, 적의 풍요한 들판에서 식량을 약탈하여, 전군을 충분히 먹이고, 삼가 힘을 기르고 피로하지 않게 하며, 사기를 진작시켜 힘을 쌓으며, 군대를 운용하며 책략을 도모[37]하되, 가히 적이 예측하지 못하도록 한다. 갈 곳이 없는 곳에 던져 넣으면, 죽더라도 도망하지 않으니, 죽게 되었는데 어찌 병사들이 힘을 다하지 않겠는가. 병사들은 심한 위험에 빠지면 오히려 두려워하지 않고, 갈 곳이 없으면 마음을 굳게 먹고, 적지에 깊이 들어가면 뭉치고, 어쩔 수 없으면 싸우게

---

37 사례 : 소련, 거대한 공화국을 부국강국으로 연계하지 못하고 해체되다

된다.

　이런 까닭에, 그 병사들은 지도하지 않아도 경계하며, 요구하지 않아도 얻으며(따르며), 약속하지 않아도 친해지며, 명령하지 않아도 믿을 것이다. 유언비어를 금하고 의심스러움을 없애면, 죽음에 이르러도 떠나지 않을 것이다. 나의 병사들이 재물을 남기지 않음은, 재화를 싫어해서가 아니며, 목숨을 남기지 않음은, 오래 사는 것을 싫어해서가 아니다.

客 손님, 나그네	克 이기다
饒 넉넉하다	野 들판, 농지
謹 삼가, 정중하게	養 기르다, 성장시키다
幷 진작시키다, 어우르다	積 쌓다
運 운용하다	計謀 책략을 도모하다
測 예측하다	投 던지다
焉 어찌	盡 다하다
甚 심하다, 지나치다	懼 두려워하다
固 굳다, 단단히	拘 뭉치다, 잡다
約 약속, 따르다	令 명령
禁 금하다	祥 유언비어, 상서롭다
疑 의심하다	餘 남다
財 재물	惡 싫어하다, 미워하다
貨 재화	命 목숨, 명령을 내리다
壽 목숨, 오래 살다, 장수하다	

사례

소련, 거대한 공화국을
부국강국으로 연계하지 못하고 해체되다

소련(1922~1991, 소비에트 사회주의 연방공화국)은 15개 공화국(러시아·우크라이나·벨라루스·우즈베크·카자흐·아제르바이잔·몰다비아·키르키스·타지크·아르메니아·투르크멘·그루지야·에스토니아·라트비아·리투아니아)으로 구성된 국가이다.

제2차 세계대전 당시에는 승전국이었지만 수많은 전사상자가 발생하였고, 국가 재정도 30%나 손실을 보는 등 막대한 피해를 입었다. 소련은 스탈린 사망(1953) 이후 흐루쇼프, 브레즈네프로 이어지며 정체의 시대를 맞았다. 고르바초프 시대가 개막(1985)되고 대변혁이 일어나는데 고르바초프는 소련 최초로 선거를 통해 대통령에 선출(1990)되어 70여 년간의 공산당 통치체제를 해체해버렸다. 또한 소련은 체르노빌 원자력발전소 폭발사고(1986), 경제침체 극복을 위한 자유시장경제 도입, 미국과의 관계개선 등 급격한 변화로 경제는 혼란에 더욱 빠지고, 연방 내 공화국들과의 갈등은 심화되면서 자신들의 독립을 끊임없이 요구했다. 더불어 미국과의 끊임없는 군비경쟁과 원전사고 수습 등 재정적 부담은 눈덩이처럼 커져갔고, 사회의 혼란은 가중되어 소련은 결국 해체(1991)되어 러시아가 그 명맥을 이었다. 소련의 구성국들은 독립하였고, 자유민주주의 정치체제로 전환되면서 소련을 이은 러시아 사회는 극심한 혼란에 빠졌다. 기업들 다수가 망하였고, 실업자 2천만 명(13%), 국민 90% 이상이 절대빈곤에 처하였다. 결국 러시아는 채무불이행을 선언(1998)하였다.

소련은 공화국들과의 거대한 경제공동체를 발전시켜 막강한 세력으로 성장할 수 있었으나 기회를 활용하지 못하고 몰락해버렸다. 소련 지도부의 전략적 사고, 정치적 리더쉽 등이 아쉽게 느껴질 뿐이다.

손자를 넘어 상위 1% 사상으로 올라서기

1. 내가 고르바초프(소련 해체 시 대통령)였다면 어떻게 통치하였을까?
2. 당시 소련을 해체하지 않을 방법이 있었다면 무엇일까?
3. (스스로에게) 관련 내용에 대해 다른 질문을 하고 대답해보세요.

令發之日(령발지일) 士卒坐者涕霑襟(사졸좌자체점금) 偃臥者涕交頤(언와자체교이) 投之無所往(투지무소왕) 則諸劌之勇也(즉제귀지용야). 故(고) 善用兵者(선용병자) 譬如率然(비여솔연). 率然者(솔연자) 常山之蛇也(상산지사야). 擊其首則尾至(격기수즉미지) 擊其尾則首至(격기미즉수지) 擊其中則首尾俱至(격기중즉수미구지).

敢問(감문) 兵可使如率然乎?(병가사여솔연호) 曰(왈) 可(가) 越人與吳人(월인여오인) 相惡也(상오야) 當其同舟而濟遇風(당기동주이제우풍) 其相救也(기상구야) 如左右手(여좌우수). 是故(시고) 方馬埋輪(방마매륜) 未足恃也(미족시야). 齊勇若一(제용약일) 政之道也(정지도야). 剛柔皆得(강유개득) 地之理也(지지리야). 故(고) 善用兵者(선용병자) 攜手若使一人(휴수약사일인) 不得已也(부득이야).

명령이 내리는 날에, 앉아 있는 사졸들이 눈물로 옷깃을 적시고, 누워 있는 자는 눈물이 턱으로 흐른다. 갈 곳 없는 곳에 투입하면, 전제나 조궤와 같은 용기를 보인다. 그러므로, 용병을 잘하는 자는 비유하자면 (용병을) 솔연과 같이 한다. 솔연은 상산의 뱀이다. 그 머리를 치면 꼬리가 덤비고, 꼬리를 치면 머리가 덤비고, 그 중간을 치면 머리와 꼬리가 함께 덤빈다.

감히 묻건대, 병사들을 솔연처럼 되게 할 수 있겠는가? 대답하여 말하기를 가능하다. 월나라 사람이 오나라 사람들과 더불어, 서로 미워하지만, 같은 배를 타고 건너갈 때에 풍랑을 만나면, 마치 좌우의 손처럼 서로 돕게 된다. 이런 까닭에, 말을 묶고 수레바퀴를 땅에 묻더라도, 아직 믿을 수 있는 것은 아니다. 병사들을 정돈되고 용감하게 하여 하나처럼 하는 것이, 군대를 다스리는 도이다. 굳센 자나 유약한 자 모두의 힘을 얻는 것이 지형의 이치를 활용하는 것이다.[38] 그러므로, 용병을 잘하는 자는, 병사들 손을 끌어서 마치 한 사람을 부리듯 하는 것은 부득이하게 만들기 때문이다.

發 보내다, 쏘다	坐 앉다
涕 눈물	霑 적시다
襟 옷깃	偃 쓰러지다, 넘어지다
臥 엎드리다	交 교차하다, 흐르다
頤 턱	諸劌 전제와 조귀
譬 비유하다	率然 전설 속의 뱀
常山 상산(지역이름)	蛇 뱀
擊 치다, 공격하다	首 머리
尾 꼬리	俱 함께
乎 ~인가, ~로다, ~구나	越 월나라
與 더불어, 주다	吳 오나라
當 당하다, 그, 이, 지금	濟 건너다
遇 만나다, 우연히 만나다	方 묶다, 모, 각
埋 묻다	輪 수레바퀴
未 아니다	齊 가지런하다, 정돈되다
勇 용감하다	政 정사, 다스리는 일
剛 굳세다	柔 약하다, 부드럽다
皆 모두	攜 끌다, 손에 가지다
使 부리다, 시키다, 하여금	

---

38 인천상륙작전, 6.25전쟁의 주도권을 단번에 빼어오다

사례

인천상륙작전,
6.25전쟁의 주도권을 단번에 빼어오다

　인천상륙작전(1950년 9월 15~16일)은 인천에서 맥아더 장군의 지휘 아래 유엔군과 국군이 펼친 성공적인 상륙작전으로 낙동강 전선에서 수세에 몰렸던 군을 공세로 전환시키는 결정적인 계기가 되었다. 북한군의 허리를 쳐 보급로를 차단시켜 북한군을 혼비백산케 하였고, 전쟁의 주도권을 장악하며 북진을 가능케 한 대작전이었다.

　인천은 조수간만의 차가 커서 상륙 가능 시간이 3시간 정도밖에 되지 않았고, 진흙뻘은 적의 반격이 시작되면 전멸 위기에 봉착할 수 있는 지형적 특징이 있었다. 맥아더 장군이 인천을 상륙지점으로 판단하게 된 요인은 인천의 악조건이 북한군에게 상륙 지역으로 의심을 하지 않는다는 것이다. 또한, 인천의 상륙은 북한군의 보급로를 한번에 와해시킬 수 있어 큰 혼란을 줄 수 있었다. 다음으로는 미군이 일본군을 몰아내기 위해 대부대를 인천으로 상륙했던 자료와 경험이 있었기(1945년 9월)에 인천으로 판단하였다. 상륙 지점을 속이기 위한 양동작전으로 삼척, 군산, 마량도(함경남도), 남포 등 주요 해안에서 대규모 폭격을 하였다. 삼척 일대에서는 전함을 동원하여 함포사격을 실시하였고, 군산에서는 기습부대가 기습상륙을 시도하여 가벼운 교전을 통해 북한군에 의도적으로 노출하였으며, 군산과 인천 사이의 해안선에서는 지속적으로 포격을 하였다. 마량도와 남포에서는 수일 동안 폭격을 실시하였다.

맥아더 장군은 인천(지형)을 선택하고 활용하여 단번에 전세를 역전시켰으며, 그가 얼마나 탁월한 식견, 지휘력, 리더쉽 등을 지녔는지 엿볼 수 있었다.

손자를 넘어 상위 1% 사상으로 올라서기

1. 내가 맥아더 장군이었다면 남북한을 통일시킬 방법은 무엇이 있었을까?
2. 인천상륙작전과 연계하여 북한군을 단번에 궤멸시킬 방법은 무엇이었을까?
3. (스스로에게) 관련 내용에 대해 다른 질문을 하고 대답해보세요.

將軍之事(장군지사) 靜以幽(정이유) 正以治(정이치). 能愚士卒之耳目(능우사졸지이목) 使之無知(사지무지). 易其事(역기사) 革其謀(혁기모) 使人無識(사인무식) 易其居(역기거) 迂其途(우기도) 使人不得慮(사인부득려). 帥與之期(수여지기) 如登高而去其梯(여등고이거기제) 帥與之深入諸侯之地(수여지심입제후지지) 而發其機(이발기기) 若驅群羊(약구군양) 驅而往(구이왕) 驅而來(구이래) 莫知所之(막지소지). 聚三軍之衆(취삼군지중) 投之於險(투지어험) 此將軍之事也(차장군지사야). 九地之變(구지지변) 屈伸之利(굴신지리) 人情之理(인정지리) 不可不察也(불가불찰야). 凡爲客之道(범위객지도) 深則專(심즉전) 淺則散(천즉산).

去國越境而師者(거국월경이사자) 絶地也(절지야). 四達者(사달자) 衢地也(구지야). 入深者(입심자) 重地也(중지야). 入淺者(입천자) 輕地也(경지야). 背固前隘者(배고전애자) 圍地也(위지야). 無所往者(무소왕자) 死地也(사지야).

    장수의 일은, 고요해서 어둠 속 같고, 올바르게 해서 다스리는 것이다. 사졸들의 눈과 귀를 어리석게 하여, 그들로 하여금 알지 못하게 한다.[39] 일을 바꾸고, 일(계략)을 고치되, 남들이 알지 못하도록 하고, 주둔지를 바꾸고, 길을 돌아가되, 남들이 헤아리지 못하게 한다. 장수

---

[39] 사례 : 관도대전, 장수의 현명함으로 10배의 군대를 무찌르다

가 병사와 더불어 결전을 기하되, 마치 높은 곳에 오르게 하고 사다리를 치워버리듯 하며, 장수가 병사와 더불어 적국의 제후 땅 깊숙이 들어가되, 활을 발사하듯이 하고, 마치 양떼를 몰듯이, 몰아가고, 몰아와서, 병력들이 알지 못하게 한다. 삼군의 병력을 모아서, 위험한 곳에 투입하는 것, 이것이 장군의 일이다. 구지의 변화와 군대를 굽히고 펴는 것의 이로움, 심리변화의 이치 등을 잘 살펴야 한다. 무릇 원정작전의 요령에서, 깊이 들어가면 단결되고, 얕게 들어가면 마음이 흩어진다.

 나라를 떠나 국경을 넘어서 군대를 부리는 것이 절지요, 사방으로 통하는 곳이 구지요, 적국 깊이 들어간 곳이 중지요, 얕게 들어간 곳이 경지요, 뒤는 험하고 앞은 좁은 곳이 위지요, 갈 곳이 없는 곳이 사지다.

事 일, 업무, 정치	靜 고요하다, 맑다
幽 그윽하다, 숨다	正 바르다, 올바른 일
治 다스리다	愚 어리석다
易 바꾸다, 쉽다	革 가죽 혁, 중해질 극
識 알다, 지식	居 거주하다, 살다
迂 돌아가다, 우회하다	途 길
帥 장수	期 기약하다, 정하다
梯 사다리	機 기계, 궁노(활)
驅 몰다	群 무리, 떼
羊 양	往 가다
莫 없다	聚 모으다
投 던지다, 투입하다	變 변화
屈 굽히다, 물러나다	伸 펴다
情 뜻, 정, 본성	理 이치, 도리, 다스리다
客 손님, 나그네	專 뭉치다, 집중하다
越境 넘다, 지경(땅의 경계)	師 스승, 군대
達 미치다, 통하다	

사례

관도대전,
장수의 현명함으로 10배의 군대를 무찌르다

관도대전(AD 200)은 삼국지 3대 대전 중 하나로 조조의 1만여 명과 원소의 10만여 명이 대결하여 조조가 승리한 전투이다. 원소의 참모들은 장기전을 통해 조조의 후방을 공격하면 승리할 것이라고 요청했으나 원소는 무시하였다. 남쪽으로 철수하는 조조군을 뒤따르며 공격하였지만 번번히 실패했다. 조조군이 관도로 물러났을 때 원소의 참모들은 군량이 조조군에 비해 넉넉하다며 직접적인 공격보다는 장기전을 하면 유리하다고 요청했으나 또다시 무시되었다. 원소는 동서 수십 리에 걸쳐 진을 구축하고 망루를 만들어 화살을 쏘며 조조군을 압박했다. 조조군은 요새로 들어가 굳게 성을 지키고 발석차를 만들어 망루에 대응했다. 하지만 조조군은 식량이 바닥나며 크게 고전하고 있었고, 원소는 자신에게 호응하는 조조 측의 반란을 유도하여 조조군을 더욱 압박했다. 조조군은 점점 절망적이 되었다. 이때 원소의 부하 허유는 자신의 비리가 탄로나 원소 밑에서는 더 이상 출세하기가 어렵다고 판단하여 조조군에 투항해 원소군의 군량정보를 알려주면서 기습공격을 간청했다. 이에 조조는 즉시 원소의 군량창고를 점령하고 빼앗아버렸다. 원소 진영에서는 내분이 일어나 격화되어 장합이 원소를 배신하고 공격하며 진영을 불태워버렸다. 원소는 8백여 명의 기병만을 이끌고 갑옷도 입지 못한 채 간신히 도망쳤으나 나머지 군사들은 대혼란에 빠지며 조조군에 의해 대부분 죽었다.

관도대전 승리 후 조조는 황하를 두고 원소와 1년간을 대치하고 있었고, 원소는 건강이 악화되어 피를 토하며 죽었다.

조조는 원소와 전쟁을 예견하고 관도에 진영을 구축하고 대비했으며, 원소의 보급로가 길어진 약점을 이용하여 승리하였다. 조조는 적의 약점을 잘 이용했고, 원소는 자신의 강점을 활용하지 못했다. 조조는 전리품 중에 원소와 내통하고 있던 부하들의 편지가 무더기로 나왔는데 부하들이 보는 앞에서 편지를 읽지 않고 모두 불태우며 자신을 배반했던 부하들을 용서했다.

손자를 넘어 상위 1% 사상으로 올라서기

1. 내가 원소였다면 10배의 병력으로 조조와 어떻게 싸우면 승리할 수 있었을까?
2. 내가 장수라면 적과 내통하지 못하도록 부하들을 어떻게 관리할 것인가?
3. (스스로에게) 관련 내용에 대해 다른 질문을 하고 대답해보세요.

是故(시고) 散地(산지) 吾將一其志(오장일기지). 輕地(경지) 吾將使之屬(오장사지속). 爭地(쟁지) 吾將趨其後(오장추기후). 交地(교지) 吾將謹其守(오장근기수). 衢地(구지) 吾將固其結(오장고기결). 重地(중지) 吾將繼其食(오장계기식). 圮地(비지) 吾將進其塗(오장진기도). 圍地(위지) 吾將塞其闕(오장색기궐). 死地(사지) 吾將示之以不活(오장시지이불활).

故(고) 兵之情(병지정) 圍則禦(위즉어) 不得已則鬪(부득이즉투) 逼則從(핍즉종). 是故(시고) 不知諸侯之謀者(부지제후지모자) 不能豫交(불능예교). 不知山林險阻沮澤之形者(부지산림험조저택지형자) 不能行軍(불능행군). 不用鄕導者(불용향도자) 不能得地利(불능득지리).

이런 까닭에, 산지에서는, 내 장차 병사들의 뜻을 하나로 하고, 경지에서는, 내 장차 부대 간의 결속을 긴밀히 하고, 쟁지에서는, 내 장차 달려나가 배후를 치고, 교지에서는, 내 장차 수비를 신중히 하고, 구지에서는, 내 장차 외교관계를 공고히 하고, 중지에서는, 내 장차 식량조달을 지속시켜야 하고, 비지에서는, 내 장차 신속히 그 길을 지나가야 하고, 위지에서는, 내 장차 적이 만들어준 사이를 봉쇄해야 하고, 사지에서는, 내 장차 살아남을 수 없음을 보여주어야 한다.

그러므로, 병사들의 본성은, 포위되면 스스로 방어하고, 부득이하면 싸우고, 급박하면 명령에 따른다. 이런 까닭에, 제후국의 계략을 알지 못하는 자는, 미리 외교관계를 맺을 수 없고, 산림과 험한 지형, 소택지 등의 지형을 알지 못하면 행군할 수 없다.[40] 마을 길잡이로 이끌지 않는 자는, 지형의 이로움을 얻을 수 없다.

將 장차, 장수	屬 잇다, 모으다
趨 달리다, 쫓다	謹 삼가다, 경계하다
固 굳다, 방비	結 맺다
繼 잇다, 이어 나가다	塞 변방, 사이가 뜨다
闕 궁궐, 문	活 살다, 생존하다
情 뜻, 정, 본성	禦 방어, 막다
鬪 싸우다, 다투다	逼 급박하다, 닥치다
從 쫓다, 나아가다	豫 미리, 즐기다
鄕 마을, 시골	導 이끌다

40 　사례 : 탄금대 전투, 치밀하지 못한 전술로 전멸당하다

사례

탄금대 전투,
치밀하지 못한 전술로 전멸당하다

　탄금대 전투(1592년 6월)는 임진왜란 초기에 신립 등 8천여 명의 조선군이 1만 8천여 명의 왜군과 탄금대(충북 충주)에서 싸워 조선군이 전멸한 전투이다.

　신립은 부산을 점령하고 올라오고 있는 왜군을 상대하기 위해 지형이 험한 조령보다는 기병을 활용할 수 있는 탄금대에 진영을 차렸다. 이곳 일대에 배수진을 치면서 왜군을 상대하기로 한 것이다. 하지만 탄금대 일대는 길이 좁고 논밭으로 장애물이 많아 신립이 믿고 있던 기병의 기동에 매우 불편한 지형이었다. 왜군은 조령고개의 험준함을 보고 어떻게 넘어야 할지를 고민하고 있었는데 조령의 진지가 비어 있음을 확인하고 유유히 조령을 가로지르며 진군했다. 탄금대에 위치한 신립 등과 마주했는데 왜군의 조총 앞에 조선군의 활, 창, 칼 등은 위협이 되지 못했고, 신립은 손쉽게 전멸해버렸다. 문경새재의 조령은 천연의 요새로 산세가 험하여 방어에는 최적이었다. 이러한 곳을 두고 탄금대라는 전쟁터의 선정은 패착이라고 볼 수 있다.

　신립이 조령을 지키며 험한 산세를 활용했다면 왜군에게 많은 피해와 고통을 주었을 것이고, 조선군에게는 방어할 수 있는 시간적 여유를 부여했을 것이다. 이러한 큰 장점을 무시한 채 조령을 손쉽게 왜군에게 내어준 것은 매우 아쉬움이 남는다. 조령에서의 매복이나 기습 등은 왜군에게 큰 위협이 되었을 것이다. 그야말로 천혜의 장벽을 텅텅 비워놨다는 것은 신립의 패착이라 할 수 있다. 조선군의 무기력한 대응으로 왜군은 20여 일 만에 한양을 함락해버렸다.

손자를 넘어 상위 1% 사상으로 올라서기

1. 내가 임진왜란 당시 신립장군이었다면 왜군과 어떻게 싸웠을까?
2. 왜군은 20여 일 만에 한양을 함락했는데 조선군은 왜 무기력하였으며, 조선군이 보완해야 될 것은 무엇이라 생각하는가?
3. (스스로에게) 관련 내용에 대해 다른 질문을 하고 대답해보세요.

四五者(사오자) 一不知(일부지) 非霸王之兵也(비패왕지병
야). 夫霸王之兵(부패왕지병) 伐大國(벌대국) 則其衆不得聚(즉
기중부득취) 威加於敵(위가어적) 則其交不得合(즉기교부득합).

是故(시고) 不爭天下之交(부쟁천하지교) 不養天下之權(불
양천하지권) 信己之私威(신기지사위) 加於敵(가어적). 故(고)
其城可拔(기성가발) 其國可隳(기국가휴).

施無法之賞(시무법지상) 懸無政之令(현무정지령) 犯三軍
之衆(범삼군지중) 若使一人(약사일인). 犯之以事(범지이사) 勿
告以言(물고이언) 犯之以利(범지이리) 勿告以害(물고이해). 投
之亡地然後存(투지망지연후존) 陷之死地然後生(함지사지연후
생). 夫衆陷於害(부중함어해) 然後能爲勝敗(연후능위승패).

구지 중에, 하나라도 모르면, 천하의 패권을 다툴 만한 군대(왕패의 군대)가 못 된다. 무릇 왕패의 군대는, 큰 나라를 치게 되면, 큰 나라가 군대를 모으지 못하게 되고, 압도적 위세를 적에게 가하여, 그 외교관계를 맺지 못하게 한다.

이런 까닭에, 천하의 외교관계를 다투지 않고, 천하의 권세를 기르지도 않고, 자신의 위세를 펼쳐서, 적에게 가한다. 그러므로, 적의 성을 함락시킬 수 있고, 적국도 무너뜨릴 수 있는 것이다.

법에도 없는 상을 베풀고, 정사에도 없는 법령을 공포하면, 삼군의 무리를, 마치 한 사람과 같이 한다. 일로써 다스리지, 말로써 다스리지 말고, 이익으로써 다스리지, 해로움으로 다스리지 않는다. 망지에 던

진 후에야 살아남을 수 있고, 사지에 빠뜨린 후에야 살아날 수 있으니, 무릇 병사들은 해로운 처지에 빠진, 후에야 능히 승패를 결정할 수 있다.[41]

霸 으뜸, 우두머리	夫 무릇, 지아비
伐 치다, 베다	聚 모으다
威 위세, 위엄, 두려워하다	加 가하다, 더하다
養 기르다, 양생하다	權 권세, 권력, 권리
信 믿다, 신임하다, 맡기다	拔 빼앗다, 함락하다
隳 무너뜨리다	施 베풀다, 행하다
懸 공포하다, 매달다	政 정사, 행정
令 법령, 명령	犯 범하다, 어기다
然 그러하다	陷 빠지다, 함정
勝 승리, 이기다	敗 패배, 실패

---

41 한신, 배수진을 최초로 사용하여 몇 배의 대군을 손쉽게 물리치다

사례

한신, 배수진을 최초로 사용하여
몇 배의 대군을 손쉽게 물리치다

한신(?~BC 196)은 출생은 모르고 초·한전쟁에서 한나라의 통일을 도운 일등공신이자 명장이다. 한신은 배수진으로 조나라 대군을 무너뜨린 사실로 유명하다. 배수진은 강이나 바다를 등지고 군사를 배치하는 것으로 잘못 활용하면 오히려 큰 낭패를 볼 수 있어 깊이 헤아려야 한다. 한신은 3만여 명을 이끌고 조나라를 공격하였다. 조나라는 군사 20만 명으로 방어선을 구축하였다. 한신은 기병 2천 명을 조나라의 성 뒤편에 매복시키고 조나라 군사들이 성문 밖으로 나와서 우리를 쫓으며 싸울 때 그들로 하여금 성 안으로 들어가 한나라의 깃발을 꽂으라고 하였다. 그리고 병사 1만 명으로 하여금 강을 건너 등지고 배수진을 치며 조나라와 마주하였다. 조나라는 이런 진영을 보고 비웃으면서 성 밖으로 나와 한신을 공격하자 배수진을 친 한신의 군대는 필사적으로 싸웠다. 승기를 잡았다고 판단한 조나라 군사는 전 병력으로 한신을 공격했다. 이때 한신의 매복한 군사들은 성을 점령하고 한나라 깃발을 꽂고 함성을 지르자 조나라 군사들은 당황해하였고, 양측에서 협공하자 와해되고 무너져 내렸다. 배수진을 활용한 한신의 탁월한 전략적 승리였다.

한신의 배수진은 주목적이 아니라 적의 시선과 병력을 끌어내기 위한 속임수였을 뿐 실제는 배수진과 매복 병력을 이용한 전술이었다.

한신의 배수진 사용은 상대 장수의 자질, 상대와의 전력비교, 지형의 활용 등을 모두 고려한 전략적 판단이 뒷받침되어 성공할 수 있었다.

손자를 넘어 상위 1% 사상으로 올라서기

1. 내가 조나라 성주였다면 많은 병력들을 어떻게 활용하며 한신과 싸웠을까?
2. 한신의 배수진은 왜 성공하였다고 생각하는가?
3. (스스로에게) 관련 내용에 대해 다른 질문을 하고 대답해보세요.

故(고) 爲兵之事(위병지사) 在於順詳敵之意(재어순상적지의) 幷力一向(병력일향) 千里殺將(천리살장) 是謂巧能成事(시위교능성사). 是故(시고) 政擧之日(정거지일) 夷關折符(이관절부) 無通其使(무통기사). 勵於廟堂之上(려어묘당지상) 以誅其事(이주기사). 敵人開闔(적인개합) 必亟入之(필극입지) 先其所愛(선기소애) 微與之期(미여지기) 踐墨隨敵(천묵수적) 以決戰事(이결전사).

是故(시고) 始如處女(시여처녀) 敵人開戶(적인개호) 後如脫兎(후여탈토) 敵不及拒(적불급거).

그러므로, 용병(전쟁)이라는 일은, 적의 의도에 따라 순순히 자세히 보고 살피다가, 어우르다가 힘을 한 방향으로 투입하여, 천 리를 달려가 적의 장수를 죽이는 것이니, 이를 일러 교묘히 일을 이룬다[42]고 한다. 이런 까닭에, 정사로 전쟁이 결정된 날에는, 관문을 막고 통행증을 폐지하며, 적 사신을 통과시키지 말아야 하며, 조정회의에서는 전의를 독려해서, 전쟁의 일을 단행한다. 적군이 문을 열면, 반드시 재빠르게 들어가서, 먼저 적의 가장 중요한 지역을 공격하고, 그리고 일단 적과 싸움을 기하지 말고 숨어 있다가, 원칙을 고수하는 것을 버리고 적측의 행동에 따라, 싸움을 결정한다.

42　사례 : 과하지욕(袴下之辱, 가랑이 밑을 기어가는 치욕을 참다), 자존심이 매우 커서 일희일비하지 않고 자신의 뜻을 이루다

이런 까닭에, 처음에는 얌전한 처녀처럼 지내다가, 적이 문을 열면, 달아나는 토끼처럼 행동하면, 적이 미처 막을 수가 없다.

在	있다, 살피다	順	순하다, 순순히
詳	자세히 보다	意	의도, 뜻, 생각하다
幷	어우르다	殺	죽이다
將	장수, 장차, 어찌	巧	교묘하다, 공교하다
夷	없이 하다, 오랑캐	關	관문(국경에서 조사기관)
折	꺾다, 쪼개다	符	증표, 부신
通	오가다	使	관리, 사신, 하여금
勵	힘쓰다, 권장하다	廊	사당, 종묘, 조정회의
堂	집	誅	베다, 치다, 꾸짖다
闔	문짝	亟	빠르다, 삼가다
微	숨다, 작다	踐	밟다, 실천하다
墨	먹, 묵	踐墨	병법, 원칙을 고수하다
隨	따르다	始	처음, 시작하다
處	살다, 머물다	開	열다
戶	문	脫	벗다
兎	토끼	脫兎	달아나는 토끼
及	미치다, 이르다	拒	막다, 거부하다

사례

과하지욕(袴下之辱, 가랑이 밑을 기어가는 치욕을 참다), 자존심이 매우 커서 일희일비하지 않고 자신의 뜻을 이루다

❶ 한신(?~BC 196)은 초·한전쟁에서 한나라 유방을 도와 천하를 통일한 세계적인 명장이지만 젊었을 때에는 보잘것없는 사람이었다. 가난하여 밥을 빌어먹었고 어머니가 죽었을 때 장례조차 치를 수 없었다. 한신은 마음속에 큰 뜻이 있었기에 칼을 차고 다녔다. 칼을 찬 한신을 못마땅해 했던 불량배 하나가 시비를 걸며 네놈이 나를 죽일 만한 용기가 있다면 그 칼로 한 번 찔러 보든지, 못하겠다면 내 가랑이 밑으로 기어가라고 하니 구경꾼들이 몰려들었다. 잠시 주춤하던 한신은 엎드려서 불량배의 바짓가랑이 밑을 기어 나왔다. 주위 사람들은 그를 겁쟁이라고 비웃었다. 훗날 명장이 된 한신은 그 불량배를 찾았다. 한신은 벌벌 떨고 있던 그에게 순찰을 하는 벼슬을 내리며 말했다.

"그 당시 모욕을 참지 못하고 칼을 뽑아 당신에게 피해를 입혔다면 나는 죄인으로 살았을 거요. 큰 뜻을 품은 나는 바짓가랑이 밑을 기어가는 치욕을 참아내서 이 자리에 오를 수 있었소."

❷ 흥선대원군(1820~1898년, 이하응)은 조선 말기 아들 고종을 대신하여 정치를 주도한 인물이다. 당시 세도정치 세력인 안동김씨는 눈에 거슬리면 왕족이라도 역모로 처형하였다. 날아가는 새도 떨어뜨린

다는 안동김씨로 인해 왕족인 흥선대원군은 살기 위해 정치에 무관심한 척 지내며 온갖 수모를 당하는 굴욕을 겪었지만 참아냈다. 그는 잔칫날에 고기를 먹기 위해 가랑이 밑으로 태연히 기어나가는 모욕을 당하지만 기분 나쁜 표정은 일체 하지 않았다. 그는 용의주도하게 둘째 아들을 12살에 조선왕(고종, 조선 26대)에 즉위시키고 모든 권력을 거머쥐고 섭정 10년을 통해 세도정치를 타파하여 왕권을 강화하였다.

손자를 넘어 상위 1% 사상으로 올라서기

1. 내가 남들 앞에서 모욕적인 언사를 받았다면 어떻게 행동하였을까?
2. 당신은 한신이나 흥선대원군의 사례에 대해 어떻게 생각하는가?
3. (스스로에게) 관련 내용에 대해 다른 질문을 하고 대답해보세요.

第十二

―――

火攻篇
(화공편)

孫子曰(손자왈) 凡火攻有五(범화공유오). 一曰火人(일왈화인) 二曰火積(이왈화적) 三曰火輜(삼왈화치) 四曰火庫(사왈화고) 五曰火隊(오왈화대). 行火必有因(행화필유인) 煙火必素具(연화필소구). 發火有時(발화유시) 起火有日(기화유일). 時者天之燥也(시자천지조야) 日者月在箕壁翼軫也(일자월재기벽익진야).

凡此四宿者(범차사숙자) 風起之日也(풍기지일야). 凡火攻(범화공) 必因五火之變而應之(필인오화지변이응지). 火發於內(화발어내) 則早應之於外(즉조응지어외). 火發以其兵靜者(화발이기병정자) 待而勿攻(대이물공). 極其火力(극기화력) 可從而從之(가종이종지) 不可從而止(불가종이지). 火可發於外(화가발어외) 無待於內(무대어내) 以時發之(이시발지). 火發上風(화발상풍) 無攻下風(무공하풍). 晝風久(주풍구) 夜風止(야풍지).

손자가 말하기를, 무릇 화공에는 다섯 가지가 있다. 첫째는 사람을 태우는 것이요, 둘째는 쌓아놓은 보급품을 태우는 것이요, 셋째는 짐수레를 태우는 것이요, 넷째는 창고를 태우는 것이요, 다섯째는 적 부대를 태우는 것이다. 화공을 행하는 데는 반드시 조건이 있어야 하고, 불붙이는 도구는 반드시 갖추어야 한다. 불을 피우는 데는 시기가 있고,[43] 불이 잘 일어나는 날이 있다. 불피우는 시기는 하늘이 건조해야

---

43 사례 : 행주대첩, 철저한 준비로 10배나 되는 왜군의 공격을 모두 물리치다

하고, 날은 달이 기·벽·익·진에 있을 때이다.

　무릇 이 네 별자리는 바람이 일어나는 날이다. 무릇 화공은, 반드시 다섯 가지 불의 변화에 따라 응한다. 불이 적진 안에서 나면, 조기에 밖에서 응한다. 불이 나도 적이 고요하면, 기다리고 공격하지 않는다. 그 불의 힘이 다하면, 쫓을 만하면 쫓고, 쫓을 만하지 않으면 멈춘다. 불을 적진 밖에서 지를 수 있으면, 내부 동정을 기다리지 말고, 때맞춰 불을 지른다. 불은 바람머리 쪽에서 질러야 하고, 바람 아래쪽에서 공격하지 말고, 낮에 바람이 오래 불면, 밤에는 바람이 멈춘다.

火攻 불로써 적을 공격	凡 무릇
積 쌓다, 모으다	輜 짐수레
庫 곳간, 창고	隊 부대
因 원인, 조건	煙 연기
煙火 연기와 불, 불붙이다	素 평소, 희다
具 갖추다	發 피다, 일어나다
時 때, 시기	起 일어나다, 기세가 오르다
燥 건조하다, 마르다	箕 키, 쓰레받기
壁 벽, 울타리	翼 날개
軫 수레	宿 자다 숙, 별자리 수
應 응하다	早 이르다, 일찍, 조기에
靜 고요하다	待 기다리다
極 다하다, 떨어지다	從 쫓다, 나아가다
止 멈추다	晝 낮
久 오래	

사례

행주대첩, 철저한 준비로
10배나 되는 왜군의 공격을 모두 물리치다

　행주대첩(1593년 3월)은 임진왜란 때에 권율 등 3천여 명의 조선군이 행주산성에서 3만여 명의 왜군을 대파한 전투이다. 왜군은 3만여 명의 군사를 7개 부대로 나눠 차례로 공격하였는데 1군과 2군은 공성 장비도 없이 조총만 쏘아대며 숫적 공세로 밀어붙였지만 조선군은 화차, 신기전, 비격진천뢰 등으로 총탄과 화살, 돌파편 등을 쏘아대며 대항했다. 왜군 1군은 궤멸되고, 2군은 큰 피해를 입고 물러났다. 이어 3군은 누각을 만들어 조총과 활을 쏘아가며 공격하는 전통적인 공성전을 펼쳤지만 조선군은 천자총통의 포사격으로 누각을 손쉽게 파괴해 버려 왜군 3군을 물리쳤다. 왜군 사령관이 직접 지휘한 4군은 조선군 내책까지 진출하여 자칫 방어선이 붕괴할 수도 있었지만 조선군은 사령관의 깃발 부근에 천자총통, 승자총통 등 모든 화력을 집중시켰다. 왜군의 사령관이 부상을 입으면서 4군도 물러났다. 5군은 화공으로 불을 지르려 했으나 조선군은 화공을 예상하여 미리 준비한 물로 왜군 5군의 화공을 와해시키고 오히려 반격을 가해 후퇴시켰다. 왜군 6군은 산성 서쪽의 완만한 비탈면을 올라와 공격하였지만 성벽을 지키고 있던 승병들이 석회가루를 터뜨려 일시적 실명과 호흡곤란을 겪고 있을 때 조선군에게 격퇴되었다. 왜군 7군은 서쪽에서 성 내부로 들어와 조선군과 치열한 백병전을 벌였다. 왜군은 숫적 우세로 밀어붙였고, 조선군은 바닥난 화살을 수만 발까지 지원받아가며 필사적으로 싸워 견디고 있을 즈음에 전라도 수십 척의 조운선이 행주산성 주변으로 지나가자 왜군은 이순신의 수군으로 오인하여 놀라 퇴각하기 시작했고, 조선군은 7군을 추격하여 격퇴시켰다.

행주대첩 승리로 왜군이 부산 등지로 철수하며 몰락하는 계기가 되었고, 선조가 한양을 버리고 도망간 지 일 년여 만에 수도 한성도 수복했다.

손자를 넘어 상위 1% 사상으로 올라서기

1. 내가 왜군의 장수였다면 10배의 군사를 행주산성에서 어떻게 운용하였을까?
2. 왜군은 병력을 7개 부대로 나눴는데 이에 대해 어떻게 생각하는가?
3. (스스로에게) 관련 내용에 대해 다른 질문을 하고 대답해보세요.

凡軍必知五火之變(범군필지오화지변) 以數守之(이수수지). 故(고) 以火佐攻者明(이화좌공자명) 以水佐攻者强(이수좌공자강). 水可以絶(수가이절) 不可以奪(불가이탈).

夫戰勝攻取(부전승공취) 而不修其功者凶(이불수기공자흉) 命曰費留(명왈비류). 故曰(고왈) 明主慮之(명주려지) 良將修之(량장수지). 非利不動(비리부동) 非得不用(비득불용) 非危不戰(비위부전). 主不可以怒而興師(주불가이노이흥사) 將不可以慍而致戰(장불가이온이치전). 合於利而動(합어리이동) 不合於利而止(불합어리이지). 怒可以復喜(노가이복희) 慍可以復悅(온가이복열) 亡國不可以復存(망국불가이복존) 死者不可以復生(사자불가이복생).

故(고) 明主愼之(명주신지) 良將警之(량장경지) 此安國全軍之道也(차안국전군지도야).

무릇 군대는 반드시 화공의 다섯 가지 변화를 알고, 헤아려 지켜야 한다. 불로써 공격을 돕는 자는 현명해야 하고, 물로써 공격을 돕는 자는 강해야 한다. 물은 가히 적을 가로막을 수는 있어도, 빼앗을 수는 없다.

무릇 싸움에서 이기고 공격해서 (전리품들을) 취하고, 그 공로에 따라 나누지 않으면 흉하니, 명하여 말하기를 비류라 한다. 그러므로 말하기를, 현명한 임금은 이를 신중히 생각하고, 훌륭한 장수는 이를 계산하여 시행한다. 이롭지 않으면 움직이지 말고, 얻을 것이 없으면 용병하지 말고, 위태롭지 않으면 전쟁하지 않는다. <u>임금은 분노로써 군대를 일으켜서는 안 되고, 장수는 성냄으로써 싸움에 끌려가서는 안 된다. 이익에 합치되면 움직이고, 이익에 합치되지 않으면 멈춘다.</u> [44] 분노는 다시 즐거워질 수 있고, 성난 것은 다시 기쁨이 될 수 있지만, 망한 나라는 다시 존재할 수 없고, 죽은 자도 다시 살아날 수 없다.

그러므로, 현명한 임금은 이를 삼가고, 훌륭한 장수는 이를 경계한다. 이것이 국가를 편안하게 하고 군대를 온전하게 하는 길이다.

數 헤아리다	守 지키다
佐 돕다	明 현명하다, 밝다
强 강하다	絶 끊다, 가로막다
奪 빼앗다	取 취하다
修 세다	功 공로, 공적, 공치사하다
凶 흉하다	命 명하다
費 쓰다, 소모되다, 비용	留 머무르다
費留 쓸데없이 경비만 쓰는 것	慮 생각하다, 꾀하다
修 세다, 계산하다	危 위태하다
怒 성내다, 분노	興 일다, 일으키다
師 군대, 스승	慍 성내다, 노여움
致 끌어들이다, 보내다	復 다시, 돌아오다
喜 기쁘다, 즐거워하다	悅 기쁘다, 기뻐하다
存 존재하다, 있다	愼 삼가다
警 경계하다	安 편안하다
全 온전하다	

---

44 사례 : 이릉대전. 유비의 분노로 촉나라는 삼국지에서 승기를 잃다

사례

이릉대전,
유비의 분노로 촉나라는 삼국지에서 승기를 잃다

　이릉대전(AD 222)은 유비 등 75만 명의 촉나라군과 손권 등 10만 명의 오나라군이 이릉에서 벌인 전투로 유비는 참패하며 삼국지에서 주도권을 상실하게 된다.

　유비는 관우가 오나라의 손권에게 죽자 큰 충격을 받고 보복하기 위해 오나라를 직접 공격하기로 했다. 장비는 전쟁을 준비하는 중에 자신의 부하에게 암살되고, 그 부하들이 장비의 목을 가지고 손권에게 항복해버리자 유비는 손권에 대한 증오심이 더해갔다. 유비는 제갈량을 수도에 남기고 수만 병력을 인솔하여 오나라로 쳐들어갔다(AD 221). 오나라군이 요새화한 진영에서 수비로 일관하며 유비군의 도발에 응하지 않고 전선이 장기화되자 촉군의 사기도 점차 떨어졌다. 이때 유비는 전선 주변부에 50여 개의 진을 일자 모양으로 나란히 배치해 유사시에 서로 지원하게 했다. 이를 전해 들은 위나라 조비는 유비가 그리 많은 진영들을 두면서 전쟁하기는 힘들어 패배할 것이라고 예측했다.

　오나라군은 유비군을 소규모 병력으로 공격(AD 222)하여 여러 진영에 분산된 유비군이 어떤 방식으로 서로 연계하였는지를 이해하였다. 유비군은 한여름의 무더위를 피하기 위해 그늘진 숲속으로 진영을 옮겼는데 이를 놓치지 않고 오나라군은 전 병력을 동원해 동시다발

적으로 유비군 진영들 주변에 불을 놓고 맹공을 가했다. 유비군은 화공과 기습을 받아 혼란에 빠졌고, 각개격파식으로 무너졌다. 진영들이 서로 도울 수 없자 유비 역시 본진을 포기하고 퇴각하였다. 유비는 패잔병을 수습해 오나라군에게 대항해보려 했으나 이미 전세는 기울어져 후퇴하였다. 이릉전투 대패 이후 유비는 의형제들의 죽음과 패전으로 인한 자책감으로 수도로 돌아가지 않고 번민하다가 제갈량에게 후사를 부탁하고 사망했다(AD 223).

유비는 분노에 가득 차서인지 진영을 갖추는 데 크게 실수하였고 오나라 손권은 유비의 실수를 놓치지 않고 총력 공격하여 승리하였다.

손자를 넘어 상위 1% 사상으로 올라서기

1. 내가 촉나라 유비였다면 관우 죽음 이후 촉나라를 어떻게 통치하였을까?
2. 유비가 이릉대전에서 잘한 점과 잘못한 점이 무엇이었을까?
3. (스스로에게) 관련 내용에 대해 다른 질문을 하고 대답해보세요.

第十三

用間篇
(용간편)

孫子曰(손자왈) 凡興師十萬(범흥사십만) 出征千里(출정천리) 百姓之費(백성지비) 公家之奉(공가지봉) 日費千金(일비천금). 內外騷動(내외소동) 怠於道路(태어도로) 不得操事者(부득조사자) 七十萬家(칠십만가). 相守數年(상수수년) 以爭一日之勝(이쟁일일지승). 而愛爵祿百金(이애작록백금) 不知敵之情者(부지적지정자) 不仁之至也(불인지지야) 非人之將也(비인지장야) 非主之佐也(비주지좌야) 非勝之主也(비승지주야). 故(고) 明君賢將(명군현장) 所以動而勝人(소이동이승인) 成功出於衆者(성공출어중자) 先知也(선지야). 先知者(선지자) 不可取於鬼神(불가취어귀신) 不可象於事(불가상어사) 不可驗於度(불가험어도).

必取於人知敵之情者也(필취어인지적지정자야). 故(고) 用間有五(용간유오) 有鄕間(유향간) 有內間(유내간) 有反間(유반간) 有死間(유사간) 有生間(유생간). 五間俱起(오간구기) 莫知其道(막지기도) 是謂神紀(시위신기) 人君之寶也(인군지보야).

손자가 말하기를, 무릇 군대 10만을 일으켜, 천 리를 치려 나가면, 백성의 비용과, 관가에서 도와야 하는 것이, 하루에 천금이나 소모된다. 국내외가 소란하고, 도로에 게으르며, 일을 못 잡는 자는, 70만 가구이다. 서로 수년 동안 지키며, 하루의 승리를 다툰다. 그러나 벼슬·녹봉·백금을 아껴서, 적의 정세를 모르는 자는, 어질지 못한 극치이고, 백성의 장수가 아니고, 임금의 도움도 안 되고, 승리의 주인도 아니다. 고로, 현명한 임금과 어진 장수가, 움직이기만 하면 적을 이기고, 성공이 남보다 뛰어난 것은 먼저 알기 때문[45]이다. 먼저 아는 것은, 귀신에게 취할 수도 없고, 어떤 사실에서 끌어낼 수도 없으며, 어떤 법도에서 경험할 수도 없다.

반드시 사람을 취하여 적의 정세를 알게 되는 것이다. 그러므로, 간첩을 쓰는 방법에는 다섯 가지가 있으니, 향간, 내간, 반간, 사간, 생간이다. 오간을 모두 활용하면서도, 그 실태를 알지 못하게 하니, 이를 일러 신의 경지라 하고, 임금의 보배라 한다.

用間 간첩을 이용하는 것	興師 군대를 일으키다
征 치다, 취하다	公 공적, 국가의 일
奉 받들다, 돕다	費 소모되다, 비용
騷 떠들다	怠 게으르다
於 ~에, ~보다	路 길
操 잡다	爵 벼슬
祿 녹봉	情 뜻, 정, 본성, 정세
佐 돕다, 도움	賢 어질다
鬼 귀신	神 귀신, 신
象 코끼리, 모양	驗 경험하다, 증거
度 법도, 제도	鄕 시골, 마을, 고향
反 되돌리다, 되집다	俱 함께, 모두
神 신	紀 법칙, 규칙 기
寶 보배	

---

45 사례 : 전격전, 프랑스의 마지노선 요새를 공격하지 않고 항복을 받아내다

사례

전격전, 프랑스의 마지노선 요새를 공격하지 않고 항복을 받아내다

전격전(電擊戰)은 신속한 기동과 기습으로 일거에 적진을 돌파하는 기동작전을 말하며, 1939년에 독일군이 폴란드 침공 시에 처음 실시했던 작전이다. 독일은 전격전을 사용하여 프랑스를 침범하는데 제1차 세계대전 당시에 프랑스는 4년을 싸웠지만 제2차 세계대전에서는 제대로 싸워보지도 못하고 6주 만에 항복했다. 마지노선에 배치된 프랑스군 주력은 40만 명에 달했지만 요새 안에 틀어박혀 할 수 있는 일은 없었다. 제1차 세계대전이 끝나고 프랑스는 독일이 군사력을 강화하자 엄청난 기술력을 동원하여 국경 지대에 마지노선이라고 불리는 요새를 건설하였다. 제2차 세계대전이 발발해도 프랑스는 마지노선을 믿고 아무런 대비도 하지 않았다. 독일은 전차와 폭격기를 앞세워 마지노선 측면에 위치한 아르덴 숲을 정면으로 돌파하여 파리를 점령하였고, 프랑스는 마지노선 요새를 활용도 못하고 항복하였다.

마지노선은 수십만 명의 병력이 주둔하며 외부로부터 장시간 버틸 수 있도록 각각의 요새가 유기적으로 연결된 거대한 방어선이었다. 프랑스의 자랑이었던 마지노선은 독일군과 싸워보지도 못하고 포위된 채 항복하고 만 것이다. 조국인 프랑스가 함락되는 동안 그들은 아무 것도 하지 못했다. 프랑스는 수많은 돈과 노력을 투자했던 마지노선을 너무 믿고 자만에 빠져 무너진 것이다. 반면에 독일군은 큰 피해가 예상되는 마지노선을 공격하지 않고 소수부대로만 견제하고 방어가 약한 아르덴 숲으로 기계화 부대를 집중 투입하여 손쉽게 파리를 점령하여 프랑스를 항복시켰다.

손자를 넘어 상위 1% 사상으로 올라서기

1. 내가 당시 프랑스 대통령(페탱, 드골)이었다면 독일이 침범 징후가 있었을 때 마지노선을 어떻게 활용하였을까?
2. 프랑스 마지노선에 쏟아부었던 엄청난 돈과 노력을 어떻게 평가해야 하나?
3. (스스로에게) 관련 내용에 대해 다른 질문을 하고 대답해보세요.

鄕間者(향간자) 因其鄕人而用之(인기향인이용지). 內間者(내간자) 因其官人而用之(인기관인이용지). 反間者(반간자) 因其敵間而用之(인기적간이용지). 死間者(사간자) 爲誑事於外(위광사어외) 令吾間知之(영오간지지) 而傳於敵間也(이전어적간야). 生間者(생간자) 反報也(반보야). 故(고) 三軍之事(삼군지사) 莫親於間(막친어간) 賞莫厚於間(상막후어간) 事莫密於間(사막밀어간).

非聖智不能用間(비성지불능용간) 非仁義不能使間(비인의불능사간) 非微妙不能得間之實(비미묘불능득간지실) 微哉微哉(미재미재) 無所不用間也(무소불용간야). 間事未發而先聞者(간사미발이선문자) 間與所告者皆死(간여소고자개사). 凡軍之所欲擊(범군지소욕격) 城之所欲攻(성지소욕공) 人之所欲殺(인지소욕살) 必知其守將左右謁者門者舍人之姓名(필지기수장좌우알자문자사인지성명) 令吾間必索知之(령오간필색지지).

향간은, 마을 주민을 이용하여 쓰는 것이고, 내간은, 관리를 이용하여 쓰는 것이고, 반간은, 적의 간첩을 이용하여 쓰는 것이다. 사간은, 밖에서 거짓 일을 꾸며, 아군의 간첩으로 하여금 이를 알게 하고, 적의 간첩에게 전하는 것이다. 생간은, 돌아와서 적정을 알리는 것이다. 그러므로, 삼군의 일은, 간첩(정보활동)보다 친밀함이 없고, 상을 주는 것이 간첩보다 더 두터운 게 없으며, 일은 간첩보다 더 은밀하게 해야 할 것이 없다.

뛰어난 지혜가 아니면 간첩을 잘 운용하지 못하고, 어질고 올바르지 않으면 간첩을 잘 부리지 못하며, <u>교묘하지 않으면 간첩의 정보실태를 잘 얻을 수 없으니,</u>[46] 미묘하다 미묘하다, 간첩을 쓰지 않는 곳이 없다. 간첩의 일이 시작되기 전에 먼저 들은 자가 있으면, 간첩과 더불어 소문을 알린 자는 모두 죽인다. 무릇 공격하고자 하는 부대, 공격하고자 하는 성, 죽이고자 하는 사람이 있으면, 반드시 그 지키는 장수, 좌우 측근, 연락병, 문지기, 심부름꾼 등의 이름을 알아내어, 내 간첩으로 하여금 반드시 찾아 알아내게 한다.

因 인하다, 연유, 까닭	官 벼슬아치, 관리
誑 거짓, 속이다	傳 전하다
報 알리다, 갚다	賞 상, 상을 주다
厚 두텁다	密 고요하다, 그윽하다
聖 뛰어난 성인, 성스럽다	仁 어질다
義 옳다, 바르다, 도의	微 작다, 적다
使 하여금, 부리다, 시키다	妙 묘하다, 교묘함
載 싣다, 기재하다	未 아니다, 아직
告 알리다	皆 모두
欲 하고자 하다	殺 죽이다
謁 아뢰다, 알리다	謁者 연락병, 당번
門 문, 출입문	門者 문지기
舍 집, 관청, 머무는 곳	舍人 시중인, 심부름꾼
索 찾다, 탐색하다	

---

46 사례 : 노르망디 상륙작전, 독일군을 속여 사상 최대 규모로 상륙작전 성공하다

사례

노르망디 상륙작전,
독일군을 속여 사상 최대 규모로 상륙작전 성공하다

　노르망디 상륙작전(1944년 6월~1944년 7월)은 제2차 세계대전 중에 연합군이 독일의 통치하에 있는 프랑스 노르망디에 역사상 최대 규모로 실시한 상륙작전으로 유럽을 탈환하는 데 발판을 마련했던 성공적인 작전이었다.

　연합군은 노르망디에 독일이 만든 방어시설을 조사하고 상륙지점을 속이기 위해 철저한 준비를 했다. 프랑스의 칼레해안에서 모의훈련을 하고 거짓 작전상황을 무전으로 보내며 독일군을 속였다. 영국은 파드칼레 해안 맞은편에 있는 영국의 도버해안 곳곳에 가짜 기름탱크와 발전소를 지어가며 기만작전을 펼쳤다. 독일군은 영국과 가장 가까운 칼레해안에 상륙할 것이라고 믿고 그곳에 병력을 집중했다. 상륙 일정 무렵에 강풍과 높은 파도 때문에 독일의 기상 전문가들은 악기상으로 연합군의 상륙 가능성이 거의 없다고 판단하였으며, 독일군 지휘관들은 휴가를 떠나거나 방심하였다. 하지만 연합군은 기상상태가 약간 좋아지자 곧바로 상륙작전을 강행하여 하루에 16만 명의 병력이 프랑스의 노르망디 땅을 밟았고, 항공기 1만 2천여 대와 선박 6천 5백여 척 등 육·해·공 모두가 투입된 가장 큰 규모의 상륙작전을 펼치며 노르망디를 확보했다. 연합군의 상륙작전 성공요인은 정보활동, 기만작전 등으로 독일군의 오판을 불러 독일군 방어 주력을 분산시켰다는 것이다. 연합군은 칼레해안 주변에 가짜 건물, 허위 라디오 메시지 송신, 허위 주력부대의 사령관에 유명한 패튼장군 임명, 칼레해안에 집중공습 등으로 독일군은 칼레해안에 상륙 지점이라고 확신을 갖고 방어를 더욱 강화했다. 이들 부대는 노르망디에서 상륙작전이 끝난 뒤까지도 그 자리를 지키고 있었다. 독일군은 칼레해안에 상륙하리라는 확고한 믿음으로 융통성 있는 전술을 사용할 수가 없었다. 독일의 정교한 정보활동이 부족했던 것이다.

손자를 넘어 상위 1% 사상으로 올라서기

1. 내가 히틀러였다면 연합군의 상륙지점을 어떻게 파악했을까?
2. 연합군의 상륙이 임박했을 때 독일군들은 휴가 등을 보냈는데 이에 대한 당신의 생각은 어떠하고, 당신이 리더였다면 어떻게 했겠는가?
3. (스스로에게) 관련 내용에 대해 다른 질문을 하고 대답해보세요.

必索敵間之來間我者(필색적간지래간아자) 因而利之(인이리지) 導而舍之(도이사지) 故(고) 反間可得而用也(반간가득이용야). 因是而知之(인시이지지) 故(고) 鄕間・內間可得而使也(향간내간가득이사야). 因是而知之(인시이지지) 故(고) 死間爲誑事(사간위광사) 可使告敵(가사고적). 因是而知之(인시이지지) 故(고) 生間可使如期(생간가사여기).

五間之事(오간지사) 主必知之(주필지지) 知之必在於反間(지지필재어반간) 故(고) 反間不可不厚也(반간불가불후야). 昔殷之興也(석은지흥야) 伊摯在夏(이지재하) 周之興也(주지흥야) 呂牙在殷(여아재은).

故明君賢將(고명군현장) 能以上智爲間者(능이상지위간자) 必成大功(필성대공). 此兵之要(차병지요) 三軍之所恃而動也(삼군지소시이동야).

나를 염탐하러 온 적의 간첩을 반드시 색출하여, 이익을 주어, 이끌어서 머물게 한다. 그리하여, 반간으로 얻어 쓸 수 있다. 이 반간을 통해 적정을 알 수 있으므로, 향간・내간을 얻어 부릴 수 있다. 이 반간을 통해 적정을 알 수 있으므로, 사간으로 거짓 사실을 꾸며, 가히 적에게 돌아오게 할 수 있다. 이 반간을 통해 적정을 알 수 있으므로, 생간을 가히 부려 예정된 기약을 할 수 있다.

오간의 일은, 임금은 반드시 알아야 하고, 이를 아는 것은 반드시 반간에 있다. 그러므로 반간은 후하게 대하지 않을 수 없다. 옛날 은나라가 일어날 때는, 이지(이윤)가 하나라에 있었고, 주나라가 일어날 때는, 여아(강태공)가 은나라에 있었다.

그러므로 현명한 군주와 어진 장수는, 능히 최고의 지혜로운 자를 간첩으로 삼아, 반드시 큰 공을 이룬다.[47] 이것은 군사활동의 요점이며, 삼군이 믿고 움직이는 바이다.

間 틈, 좋은 기회, 엿보다	利 이익
導 이끌다	因是 반간을 통해
知之 적의 사정을 알다	誑 거짓, 속이다
如期 같다, 기약하다	在於 ~에 있다
昔 옛날	殷 은나라, 성하다
伊摯 이윤	夏 하나라, 여름
周 주나라, 두루	呂牙 강태공
要 요점, 요지, 요구하다	恃 믿다
動 움직이다	

47 　사례 : 베트남 전쟁, 국가안보를 외국에 의존하여 멸망하다

사례

베트남 전쟁,
국가안보를 외국에 의존하여 멸망하다

　베트남 전쟁(1960~1975)은 북베트남과 남베트남 사이에서 일어난 전쟁으로 미군(1962~1973)과 한국군(1965~1973)이 남베트남편에 참전하였으나 북베트남이 승리하여 베트남을 통일하였다. 이 기간에 미군은 5만 8천여 명, 한국군은 5천여 명이 전사하였다.

　미국 케네디 대통령은 남베트남이 공산화되면 도미노처럼 동아시아의 공산화를 우려하여 미군을 파병하였다. 1965년에 폭격을 시작하면서 전쟁은 본격화되었고, 7개국이 참전하였다. 하지만, 남베트남의 정권은 군부의 정치적 개입, 부정부패 등으로 혼란했으며, 국가안보는 외국군에 의존하였다. 이뿐만 아니라 전쟁 중에 영부인의 지나친 사치 등으로 민심은 싸늘했다. 결국 휴전협상이 체결되고 미국은 떠났지만 남베트남은 여전히 정치적 혼란과 부패에 빠져 있었다. 고급장교들은 전쟁물자를 민간에게 팔거나 적에게까지 처분하여 사리사욕을 채웠다. 북베트남은 미군이 국내 사정으로 다시 베트남 전쟁에 개입하지 못할 것을 확신하자 무력통일을 결심하고 총공세를 감행하였는데 남베트남군은 지리멸렬한 상태로 군대의 대다수가 도망가거나 포로가 되었다. 북베트남군이 거침없이 남하할 때 부패했던 남베트남의 정치인과 군인들은 가족과 함께 해외로 탈출하고 있었고, 대통령마저 해외로 도피했다. 북베트남은 남베트남을 통합(1976)하여 베트남 사회주의 공화국을 세웠다. 그리고 대대적인 숙청작업으로 남베트남의 반공인사, 고위층과 가족들을 대량학살하였다. 민간인 학살은 1천만여 명, 해상으로 도망가며 사망한 수는 최대 150만여 명이 넘는 것으로 추정하고 있다.

국가를 잃으면 그 피해와 고통의 몫은 고스란히 국민들이 받게 된다. 미군 30만여 명, 한국군 1만 6천여 명 등의 사상자를 내면서까지 남베트남편에서 싸웠지만 국민들의 국가관과 조국애 부재, 국가안보의 외국군 의존, 만연된 부정부패 등으로 이길 수 없는 전쟁을 했던 것이다. 이미 승패는 정해져 있었던 것이다.

손자를 넘어 상위 1% 사상으로 올라서기

1. 내가 남베트남 대통령(티에우)이었다면 정치를 어떻게 하였을까?
2. 파병된 미국 사령관이었다면 베트남 전쟁을 어떻게 수행하여 승리하였을까?
3. (스스로에게) 관련 내용에 대해 다른 질문을 하고 대답해보세요.